省社科研究规划专题项目"清末民初西方视角下的中国北方边疆形象研究"
（24ZSH003）阶段性成果

兰州大学人文社科类中央高校基本科研业务费项目
（22lzujbkyjh005）成果

兰州大学人文社会科学类高水平著作出版经费资助

清末民初

西方视野下的甘肃民间形象

柴橚 赵燕凤 著

中国社会科学出版社

图书在版编目（CIP）数据

清末民初西方视野下的甘肃民间形象 / 柴橞等著.
北京：中国社会科学出版社，2025. 5. -- ISBN 978-7
-5227-4806-1

Ⅰ. K294.2

中国国家版本馆 CIP 数据核字第 2025DV6889 号

出 版 人	赵剑英
责任编辑	张　浩
责任校对	姜志菊
责任印制	李寡寡

出　　版	中国社会科学出版社
社　　址	北京鼓楼西大街甲 158 号
邮　　编	100720
网　　址	http://www.csspw.cn
发 行 部	010-84083685
门 市 部	010-84029450
经　　销	新华书店及其他书店
印　　刷	北京明恒达印务有限公司
装　　订	廊坊市广阳区广增装订厂
版　　次	2025 年 5 月第 1 版
印　　次	2025 年 5 月第 1 次印刷
开　　本	710×1000　1/16
印　　张	16.75
插　　页	2
字　　数	253 千字
定　　价	89.00 元

凡购买中国社会科学出版社图书，如有质量问题请与本社营销中心联系调换
电话：010-84083683
版权所有　侵权必究

目 录
CONTENTS

序 言 ·· (1)

上 部

第一章 自然环境 ·· (3)
 第一节 气候 ·· (3)
 第二节 地势与地貌 ·· (5)
 第三节 主要河流 ··· (18)
 第四节 动植物分布 ·· (27)
 第五节 煤矿与金属 ·· (33)

第二章 民风民俗 ··· (36)
 第一节 民情 ··· (36)
 第二节 少数民族 ··· (42)

第三章 经济形象 ··· (55)
 第一节 农业 ··· (55)
 第二节 农作物 ·· (59)
 第三节 畜牧业 ·· (61)
 第四节 交通运输 ··· (62)
 第五节 商业贸易 ··· (67)

第四章 历史景观 (80)
第一节 长城与烽燧 (80)
第二节 敦煌石窟 (85)
第三节 名寺古刹 (103)
第四节 考古遗址 (122)

下 部

第一章 兰州府 (127)
第一节 府城及周边 (127)
第二节 人口与教育 (135)
第三节 农牧、工商与交通 (138)
第四节 水车、皮筏与黄河铁桥 (144)
第五节 兰州八景 (151)

第二章 平凉府 (156)
第一节 府城及周边 (157)
第二节 城镇与关隘 (158)

第三章 巩昌府 (165)
第一节 府城及周边 (165)
第二节 农牧与商贸 (169)

第四章 庆阳府 (173)
第一节 府城及周边 (173)
第二节 考古遗址 (175)

第五章 宁夏府 (178)
第一节 府城及周边 (178)

第二节　农牧、经贸与交通 …………………………………… (181)

第六章　西宁府 ……………………………………………………… (184)
　　第一节　府城及周边 ……………………………………………… (184)
　　第二节　民情 ……………………………………………………… (186)
　　第三节　农牧与经贸 ……………………………………………… (188)

第七章　凉州府 ……………………………………………………… (192)
　　第一节　府城及周边 ……………………………………………… (192)
　　第二节　民情 ……………………………………………………… (198)
　　第三节　农牧与经贸 ……………………………………………… (200)

第八章　安西州 ……………………………………………………… (204)
　　第一节　州城及周边 ……………………………………………… (204)
　　第二节　民情 ……………………………………………………… (211)
　　第三节　农牧、经贸与交通 ……………………………………… (212)

第九章　甘州府、肃州 ……………………………………………… (215)
　　第一节　甘州府 …………………………………………………… (215)
　　第二节　肃州 ……………………………………………………… (225)

第十章　泾州、秦州 ………………………………………………… (237)
　　第一节　泾州 ……………………………………………………… (237)
　　第二节　秦州 ……………………………………………………… (243)

参考文献 ……………………………………………………………… (247)

序 言

"丝绸之路三千里，华夏文明八千年。"甘肃，这片古老而美丽的土地，承载着丰富的历史和文化底蕴。清末民初，一个动荡而又富于变革的时代，国门渐开，偏居一隅的甘肃在岁月的洗涤和朝代的更替中散发出独特韵致，令西方人士为之倾倒。他们不远万里前来一睹这片锦绣河山，体验当地民俗风情，并借助笔墨生动录述了所见、所闻、所历、所考、所思，用镜头捕捉甘肃印记，荟聚成西人眼中的甘肃民间形象。拙著《清末民初西方视野下的甘肃民间形象》以此为契机，鉴古兴今，缀集西人记录、观察和研究成果，以殊异的视角呈现清末民初时期甘肃的民间形象，带领后来者拨开岁月的积尘。

清末民初的甘肃有府九，曰：兰州府、平凉府、巩昌府、庆阳府、宁夏府、西宁府、凉州府、甘州府、镇西府；直隶州七，曰：安西州、泾州、固原州、阶州、秦州、肃州、迪化州。总领散州六、厅九、县五十一。这一时期专门踏访或旅行途经此地的西人或外国团队团队身份背景多元，来自英国、美国、俄国、荷兰、日本、法国、芬兰、澳大利亚、比利时、匈牙利、瑞典等众多国家；从事的专业各异，有探险家、植物学家、历史学家、传教士、考古学家、记者、僧侣、外交官、军官、地质学家、东方学家、医生、地理学家、摄影家、旅行作家等等；目的不一：考察、传教、游览、盗宝……

关涉的西人或西方团队主要包括：普尔热瓦尔斯基（Николай Михайлович Пржевальский）、日野强（Hino Tsutomu）、台克满（Eric

Teichman)、威廉·埃德加·盖洛（William Edgar Geil）、彼·库·科兹洛夫（Пётр Кузьмич Козлов）、斯文·赫定（Sven Hedin）、雅克·布利·德·莱斯顿（Jacques Bouly de Lesdain）、古伯察（Évariste Régis Huc）、E. A. 罗斯（Edward Alsworth Ross）、何乐模（Frits Holm）、弗兰克·尼古拉斯·迈耶（Frank Nicholas Meyer）、克拉伦斯·达利姆普·布鲁斯（Clarence Dalrymple Bruce）、马尔克·奥莱尔·斯坦因（Marc Aurel Stein）、保罗·伯希和（Paul Pelliot）、马达汉（Carl Gustaf Emil Mannerheim）、罗伯特·斯特林·克拉克（Robert Sterling Clark）、阿瑟·德·卡尔·索尔比（Arthur de C. Sowerby）、乔治·沃尼斯特·莫理循（George Ernest Morrison）、东亚同文会（Toa Dobunkai）、路易斯·施拉姆（Louis Schram）、费正清（John King Fairbank）、大谷光瑞（Ōtani Kōzui）、夏尔—厄德·保宁（Charles Eudes Bonin）、橘瑞超（Tachibana Zuichō）、谢尔盖·奥多诺维奇·奥登堡（Сергей Фёдорович Ольденбург）、兰登·华尔纳（Langdon Warner）、吉川小一郎（Yoshi Kawa Shouichirou）、费·阿·奥勃鲁切夫（Владимир Афанасьевич Обручев）、金乐婷（Mary Geraldine Guinness）、安特生（Johan Gunnar Andersson）、亨利·爱德华·曼宁·道格拉斯（Henry Edward Manning Douglas）、濮登博（Theodor Buddenbrock）、桑志华（Paul Emile Licent）、金斯密（Thomas William Kingsmill）、费迪南·冯·李希霍芬（Ferdinand von Richthofen）、足立喜六（Adachi Kiroku）、蜜德蕊·凯伯（Mildred Cable，中文名盖群英）、法兰西丝卡·法兰屈（Francesca French，中文名冯贵石）、依凡洁琳·法兰屈（Evangeline French，中文名冯贵珠）、福格森（W. N. Fergusson）、罗博罗夫斯基（Vsevolod Ivanovich Roborovskii）、索斯诺夫斯基（Iulian A. Sosnovskii）、谢立山（Alexander Hosie）、罗伯·格尔斯特（Rob Geerst）、狄化淳（F. Leo Van Dyck）、穆赟（Jean-Jacques Muller）等等。

《清末民初西方视野下的甘肃民间形象》爬梳了280余部西人的相关著述和图集，披沙拣金，类聚群分。全书分为上、下两部，共14章，翻文译字，炼句结章，图文并茂。上部 4 章全景式地领略西人在甘肃所了解与体验到的壮阔自然景观、民族与文化之间的交融、经济起伏与变迁，以及那段悠久历史所留下的深刻印记。

"自然环境"章收载西人结合自身经验或借助科学仪器，探查到的甘肃气候、地形、地貌、水情、野生动植物、煤矿资源等珍贵资料，可谓"灵运山水，实多奇趣"。例如，何乐模笔下的黄土高原"沟壑纵横，群山迷乱，山岭陡峭，天生地造的黄土狂野之极，这一切都带有某些历史的虚幻，组成了一幅绝妙的画卷"①。

"民风民俗"章通览清末民初时期甘肃的人口规模、日常饮食、衣着服饰、民居建筑、生产方式、教育等基本民众状况，重点研析西人极为关切的土族、裕固族、藏族和回族四大少数民族如何以自己的独特方式扎根西北，在劳作和生产过程中发展壮大，在彼此摩擦和变革中不断成长。

"经济形象"章依凭西人在走访过程中获取的细碎却详实的数据，还原往昔甘肃的农牧业生产、交通运输和商业贸易等经济状况，对于构筑、补充本省的经济形象有所裨益。

作为中国历史文化名省之一，甘肃享有"丝路之省""文化之省"等美誉。"历史景观"章萃集标志性景观，再现了甘肃在文化、宗教等方面取得的成就，亦反映了特定时期本省劳动人民的智慧。例如，历代修筑不衰的长城及烽燧等边境军事防御体系，素有"东方艺术宝库""世界最长的画廊""墙壁上的博物馆"之称的敦煌及其"宝藏"，久负盛名的塔尔寺，被誉为"世界藏学府"的拉卜楞寺……还有盖洛啧啧赞叹的兰州八景：

> 兰州这座城市可以与整个古代世界一较高下。古代世界不是自

---

① Frits Holm, *My Nestorian Adventure in China: A Popular Account of the Holm-Nestorian Expedition to Sian-Fu and Its Results*, New York, Chicago, London and Edinburgh: Fleming H. Revell Company, 1923, pp. 116 - 118.

谊拥有罗得岛巨像、巴比伦空中花园、阿耳特弥斯神庙等七大奇迹吗？兰州拥有八大景观，胜过了西方。我们按图索骥，忠实地寻访了兰州八景，将其一一拍照、存档。①

甘肃幅员辽阔，在西人的探访之旅中，骆驼和马匹成为他们穿越这片土地的主要交通工具，加之各自带有不同的目的，他们的足迹往往难以遍布全省，而是锁定个别地区，记叙与摄录所见以及与当地民众、官员、民族首领、部落头人等之间的交流，琐碎却不乏真实。鉴于上部对此存在的疏略之处，下部胪陈各"府""州"，补缺拾遗，这也是《清末民初西方视野下的甘肃民间形象》一题中"民间"意义的重要所指。

下部共 10 章，含 8 府和 4 州，反映西人眼中各地的自然环境、城区街巷、风俗习惯、经贸、农牧、交通等，以及当地的"特色"，如兰州府的黄河铁桥、平凉府的"左公柳"、巩昌府的党参和地黄等药材、甘州府的"龙官"、肃州的"天下雄关"碑等，穿插西人了解到的逸闻趣事，并融入个人见解，更有甚者赋诗以抒心怀：

> 一片瑶池明月光，秦皇汉武马蹄忙。
> 痴心不祈长生药，愿借霓裳焘八荒。②

《清末民初西方视野下的甘肃民间形象》不仅是对清末民初时期甘肃百态的一次回顾，更是多元文化在时光荏苒中的交流与共鸣，能够填补本土视角的研究盲区，立体呈现近代甘肃的原始风貌，丰富甘肃文化史、传播史、专门史、语言史，具有一定的传播学、史学、文化学意义。希冀读者能凭此感知历史的变迁，体味文化的交融，领略甘肃的深情厚意。

---

① William Edgar Geil, *Eighteen Capitals of China*, Philadephia and London：J. B. Lippincott Company, 1911, p. 316.
② 日野强：『伊犂紀行』，博文館，1909，第 76 頁。

另有几点需要说明：其一，在已收录的资料中，西人几乎未涉足镇西府、阶州和固原州，故本书未特别设置相关章节；其二，迪化州即今新疆乌鲁木齐，当前学者已对清末明初时期西人在新疆的探察有过深入研究，其中亦包含迪化州，限于篇幅，兹不赘言；其三，西人来自不同国度，使用不同的计量单位，且部分计量单位换算与现今有所区别，严谨起见，本书保留原作中的计量单位；其四，部分西人著述在国内已有佳译，令编者得以直接援引，省却大量精力，在此向史红帅、耿昇、巫新华、伏霄汉等译者表示由衷感谢，在拙著中另有部分以原作引用之内容，系作者翻译，如1918年东亚同文会出版的《中国省别全志》第六卷《甘肃省（附新疆省）》详述了甘肃的诸多方面，《清末民初西方视野下的甘肃民间形象》中所涉内容属国内首译，恳请诸位同仁和读者批评指正；最后，清末民初时期的西人录述间或臆想置答，相信读者能够辩证地看待他们眼中的甘肃形象。

兰州大学外国语学院朱刚、张敏、陈彪，历史文化学院赵维玺、吴炯炯，新闻与传播学院石萍，文学院杨文秀等教师、学者为拙著提出的意见和建议深中肯綮，兰州大学外国语学院硕士研究生王泽皓、芦元琪、吴祖航、杨馥先、张钰洁、朱文睿和南京大学外国语学院博士研究生王朝政承担了拙著的部分具体工作，为其完成提供了实质性帮助，编者特致谢忱。

虑无不周，难免挂一漏万，伏望诸位同仁和读者不吝赐教。

勉以为序。

作者谨识
2024 年 4 月 10 日于兰州大学茸龙斋

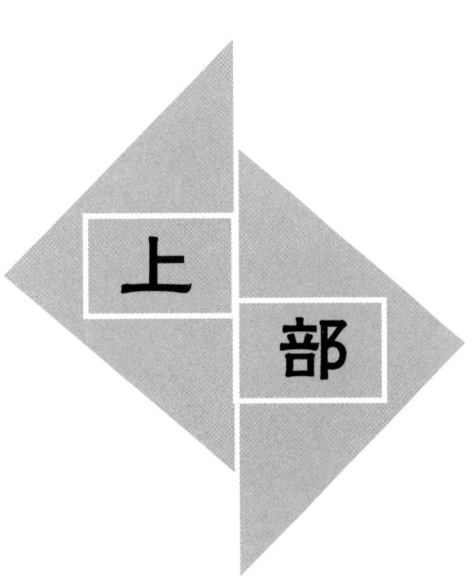

第一章 自然环境

甘肃幅员辽阔，自然景观多样，在西人眼中向来是绚丽多彩的东方热土。清末民初，在亚洲游历、调研的域外人士将甘肃视为必访之地和考察重心。他们的日志与著述刊存多处关涉此地气候特征、地质条件、水文情况、野生动植物等自然环境的详述，成为复原近代甘肃风貌的珍贵史料。

第一节 气候

甘肃的地形走势复杂，决定了多样化的气候类型，不同时期到访甘肃不同地区的西人对当地气候的认识难言一致。时值清衙门尚未设立气候观察站，西人无法准确获取四季状况，相关认识多源于个人感受，或借助仪器进行有限测量。

由于深处内陆，纬度偏高，在炎炎夏季，甘肃的平均气温相对较低，山区尤甚。以祁连山区为例，7月份，夜间草木披霜，偶小雪飘洒；时至8月，半山腰之上白雪皑皑；进入9月，积雪不再融化。①

1910年，日本东亚同文会对甘肃各地夏、秋季节午前九时和午后三时的天气状况作了详细观测、记录（表1-1）。

---

① ［俄］尼·米·普尔热瓦尔斯基：《蒙古与唐古特地区：1870—1873年中国高原纪行》，王嘎译，中国工人出版社2019年版，第234页。

表1-1　　　　　1910年甘肃夏、秋季各地的天气①

时间	地点	气温	晴/雨
8月7日	泾州	午前九时26.67℃ 午后三时25℃	晴
8月10日	平凉府	午前九时25.56℃ 午后三时25℃	晴
8月15日	固原州	午前九时21.11℃ 午后三时21.11℃	晴
8月31日	灵州	午前九时19.44℃ 午后三时20℃	雨
9月4日	宁夏府	午前九时22.22℃ 午后三时22.78℃	晴
9月19日	黄河船上	午前九时17.22℃ 午后三时20℃	晴

甘肃西部山区雨水充沛，以1872年为例，7月有22天降雨；8月27天，9月23天。② 但东部的平凉府、固原州等地降雨量稀少，以宣统二年（1910年）为例，平凉府月均降雨天数仅为4至5天。③ 固原州春季的雨雪情况如下（表1-2）：

表1-2　　　　　　　固原州春季雨雪统计表④

月份	降雨天数	降雨量	降雪天数	积雪量
1月	—	—	2天	最高3寸1分 最低2寸2分

---

① 東亜同文会:『中国省别全志——甘肃卷（附新疆省）』，東亜同文会，1918，第48—51頁。

② [俄]尼·米·普尔热瓦尔斯基:《蒙古与唐古特地区：1870—1873年中国高原纪行》，王嘎译，中国工人出版社2019年版，第234页。

③ 東亜同文会:『中国省别全志——甘肃卷（附新疆省）』，東亜同文会，1918，第52頁。

④ 東亜同文会:『中国省别全志——甘肃卷（附新疆省）』，東亜同文会，1918，第53頁。

续表

月份	降雨天数	降雨量	降雪天数	积雪量
2月	—	—	6天	最高3寸5分
				最低5分
3月	6天	最深5寸	—	—
		最浅2寸		—

总体而言，西人眼中的甘肃晴天居多，空气干燥；冬季漫长而寒冷，夏季短暂而凉爽，昼夜温差较大。

第二节　地势与地貌

西人借实地踏查，对甘肃地势、地貌的认识已有精准概括："西南有高耸入云的祁连山脉，东北是万里长城蜿蜒于较低的群山之巅，其形狭长如带状，道路在这之间向西北延伸"①。自兰州府城向西，经红城堡，沿金羌河至乌鞘岭，所经之处皆为狭长、深邃的山谷，至古浪县变为广袤的沙漠；兰州府与肃州之间为凉州大平原；永昌县与东乐县之间则呈现"开阔的大波浪状的地带"②，地貌特征鲜明独特。

甘肃中部与东部以黄土高原地貌（图1-1、图1-2）为主，东南部山地丛林密布，差异显著。

美国社会学家罗斯将黄土比喻为美国民众日常享用的奶酪。在他的眼中，黄土高原上的窑洞（图1-3、图1-4）十分独特。在抹上泥灰后，窑洞内干爽整洁，冬暖夏凉。洞口置有精美门窗，唯一的缺陷在于"自然通风不足"③。

---

① ［日］日野强：《伊犁纪行》，华立译，黑龙江教育出版社2006年版，第82页。

② ［日］日野强：《伊犁纪行》，华立译，黑龙江教育出版社2006年版，第82—83页。

③ ［美］E. A. 罗斯：《变化中的中国人》，何蕊译，译林出版社2015年版，第10页。

图 1-1　甘肃中部的黄土地区，台克满 1916 年摄①

图 1-2　甘肃中部的黄土地区，台克满 1916 年摄②

---

① Eric Teichman, *Travels of A Consular Officer in North-West China*, Cambridge: Cambridge University Press, 1921, p. 111.
② Eric Teichman, *Travels of A Consular Officer in North-West China*, Cambridge: Cambridge University Press, 1921, p. 111.

第一章 自然环境

图1-3 黄土崖畔上的窑洞，何乐模1907年摄①

图1-4 黄土高原上的窑洞居所，何乐模1907年摄②

---

① Frits Holm, *My Nestorian Adventure in China : A Popular Account of the Holm-Nestorian Expedition to Sian-Fu and Its Results*, New York, Chicago, London and Edinburgh: Fleming H. Revell Company, 1923, p. 116.

② Frits Holm, *My Nestorian Adventure in China : A Popular Account of the Holm-Nestorian Expedition to Sian-Fu and Its Results*, New York, Chicago, London and Edinburgh: Fleming H. Revell Company, 1923, p. 120.

一 黄土地貌

声名赫奕的地理奇观——甘肃黄土高原，无疑深深吸引着西人的目光。他们多以自我的视角出发，将黄土高原与西方地理联系品评，如在丹麦学者、探险家何乐模眼中：

> 沟壑纵横，群山迷乱，山岭陡峭，天生地造的黄土狂野之极，这一切都带有某种历史性的魔幻，组成了一幅绝妙的画卷，不禁让人联想起《卡门》中走私者出没的场景。这些无一不与拦路抢劫的大盗、啸聚山林的罪犯，以及各个时期英勇自卫的豪侠紧密相连。①

图 1-5　黄土高原上的耕作，何乐模 1907 年摄②

---

① Frits Holm, *My Nestorian Adventure in China : A Popular Account of the Holm-Nestorian Expedition to Sian-Fu and Its Results*, New York, Chicago, London and Edinburgh: Fleming H. Revell Company, 1923, pp. 116 - 118.

② Frits Holm, *My Nestorian Adventure in China : A Popular Account of the Holm-Nestorian Expedition to Sian-Fu and Its Results*, New York, Chicago, London and Edinburgh: Fleming H. Revell Company, 1923, p. 120.

第一章　自然环境

至于黄土地貌的成因，英国军官布鲁斯指出："对于每位研究地质构造的学者，寻求黄土高原的成因无疑是一项最具吸引力的课题。这种地形几乎遍布中国整个北方地区。"① 在众多关于黄土地貌成因的说法中，英国地质学家、建筑师金斯密提出的"淡水冲积说"、德国地理学家李希霍芬的"风成说"，以及美国探险家克拉克的"风成和冲积说"最具代表性。

"淡水冲积说"主张黄土高原的形成源于中国西北地区曾发生的大规模洪水事件，其形成时间与《圣经》中记载的洪水爆发时间大致相同。经观察、测量黄土台塬的倾斜面、水流方向、黄土层交接带以及秦岭山脉的黄土沉积情况，英国驻华外交官台克满认为"冲积说"具有一定可信度。②

尽管欧洲拥有相似的地貌特征③，李希霍芬却反对将"淡水冲积说"应用于中国北部黄土带。他观察到中国黄土高原的面积之广阔远非一场洪水所能涵覆，且土层中未发现淡水贝类的痕迹④，据此提出了"风成说"，即由季风引发的沙尘暴将黄土裹挟至数百英里⑤之外，经数百年沉积，最终形成了黄土高原⑥。日本土木工程技术者兼数学家足立喜六对此观点深表赞同，并认为风成说中的"风"是华北地区的"蒙古风"，此风"天地晦冥"，远袭日本时，甚至能将太阳映照成

---

① Clarence Dalrymple Bruce, *In the Footsteps of Marco Polo : Being the Account of A Journey Overland from Simla to Pekin*, Edinburgh and London: William Blackwood and Sons, 1907, p. 301.
② 史红帅：《近代西方人视野中的西安城乡景观研究：1840—1949》，科学出版社2014年版，第20—21页。
③ ［英］C. D. 布鲁斯：《走出西域——沿着马可·波罗的足迹旅行》，周力译，海潮出版社2000年版，第223页。
④ ［英］C. D. 布鲁斯：《走出西域——沿着马可·波罗的足迹旅行》，周力译，海潮出版社2000年版，第223页。
⑤ 1英里＝1.609344（千米）公里。——作者注
⑥ ［丹］何乐模（Frits Holm）：《我为景教碑在中国的历险》，史红帅译，上海科学技术文献出版社2011年版，第49页。

青铜色。① 但何乐模却认为，若按李希霍芬的说法，被风携带并沉积的沙尘除形成黄土高原外，理应在"数百英里外的大海中"发现踪迹。但在季风影响的沿海省份，如山东、江苏和浙江，人们却很难寻得黄土的踪影。②

在1908至1909年间，克拉克考察队勘察合水县、庆阳府、镇原县、固原州、兰州府等地的黄土高原地貌，指出合水县的基岩主要由深栗色或灰色页岩组成，这些页岩细密成层，呈现独特的地质特征；庆阳府的灰色砂岩具有明显层理；镇原县以西地区的黄土构造更加厚实，基岩逐渐升高，不再呈现完美的水平层理（图1-6）。

图1-6 镇原县附近的沟壑以及砂岩地层，1908年克拉克考察队摄③

---

① [日] 足立喜六：《长安史迹研究》，王双怀、淡懿诚、贾云译，三秦出版社2003年版，第1—2页。

② [丹] 何乐模（Frits Holm）：《我为景教碑在中国的历险》，史红帅译，上海科学技术文献出版社2011年版，第50页。

③ Robert Sterling Clark and Arthur de C. Sowerby, *Through Shên-Kan: The Account of the Clark Expedition in North China 1908-9*, London and Leipsic: T. Fisher Unwin, 1912, p. 150.

固原州北部、东部和南部环绕着沉积而成的丘陵，西南部屹立六盘山，其山脉西麓主要由石灰岩构成，较之沉积岩构成的东麓，海拔更高；兰州府近郊的地质构造异常复杂，黄河以北分布着大量长石质岩石，城南存在沉积岩和结晶岩，结晶岩山峰高度可达10000至11000英尺①。基于上述发现，克拉克将中国中西部大部分沉积土分为两类：第一类由风积而成，被称为风成黄土；第二类由河流冲积作用形成广袤的平原地带，称为冲积黄土，其垂直节理和紧密度与风成黄土相类似。②

黄土高原虽为地理奇观，当地却面临着严重的生态危机：塌陷的土坡随处可见，黄土混杂的溪流纵横交错，这些现象不仅削弱了土壤对自然灾害的抵抗力，也导致大量泥沙被冲刷至黄河下游，不断抬高河床水位，为黄河下游沿途地区埋下了一颗"定时炸弹"。③

二　山川丘陵

近代以来，甘肃境内的一些山川丘陵颇受西人青睐，如祁连山脉、贺兰山脉、乌鞘岭等。

（一）祁连山脉

中国的地势可概括为三大阶梯，祁连山坐落于第一阶梯和第二阶梯的分界线。山高路险，常年降雪，道路泥泞不堪，西人行路至此，总是心怀忐忑，惊险连连。④

但是，由于水量充足、土壤肥沃，加之从深谷底部至雪线边缘的多种有利条件，在祁连山区尤其是峡谷和溪流两岸，随处可见高耸的树林、

---

① 1英尺=0.3048米。——作者注
② ［美］罗伯特·斯特林·克拉克、阿瑟·德·卡尔·索尔比：《穿越陕甘：1908—1909年克拉克考察队华北行纪》，C. H. 切普梅尔编，史红帅译，上海科学技术文献出版社2010年版，第127—132页。
③ ［美］E. A. 罗斯：《变化中的中国人》，何蕊译，译林出版社2015年版，第12页。
④ ［俄］尼·米·普尔热瓦尔斯基：《蒙古与唐古特地区：1870—1873年中国高原纪行》，王嘎译，中国工人出版社2019年版，第329页。

密不透风的灌木、千姿百态的花草,普尔热瓦尔斯基考察队被眼前的美景所震撼,不禁联想起故土那美不胜收的阿穆尔①边疆森林世界。②

（二）贺兰山脉

贺兰山脉位于宁夏府城西北面,山势雄伟壮观,犹如群马奔腾,气势磅礴。1907年,受俄国地理学会委托,科兹洛夫率领科考队踏上了亚洲内陆这片广袤的漠土,对贺兰山地区开展调研。

贺兰山脉大致呈南北走向,黄河流经其东麓山区,将山脉一分为二。远远望去,贺兰山宛如一堵厚重的齿状墙,"墙上饰有森林和地毯般的高山草甸……山陡然从基座上高高耸起,山岭最高部分通常是一些起伏不大的高地,最低的边缘地带却有一些峭壁和高峰,它们的形状有时像中国古老的塔楼"③。

与巍峨、雄壮的祁连山相比,彼时贺兰山面临着森林资源日渐枯竭的困境。据科兹洛夫所察,山区随处可见被砍伐后的树桩,刀锯声不绝于耳。除了那些顽强生长在悬崖峭壁上的林木外,4米以上的树木几乎被采伐殆尽。长期毫无节制的砍伐活动还致使贺兰山区的水资源（包括井水、泉水等）大量干涸,曾经繁盛的定远营绿洲的规模也日渐缩减。④

（三）乌鞘岭

凉州府境内的乌鞘岭,作为祁连山脉东端的余脉,是"东流汇入黄河的河流与北流汇入沙漠的内陆河之间的分水岭"⑤。史载,乌鞘岭"盛夏飞雪、寒气砭骨"。山路蜿蜒,南坡平缓而上,北坡（下山路）稍显

---

① 位于今俄罗斯联邦的东南部,其南部、西南部与中国黑龙江省相邻。——作者注

② [俄]尼·米·普尔热瓦尔斯基:《蒙古与唐古特地区:1870—1873年中国高原纪行》,王嘎译,中国工人出版社2019年版,第235页。

③ [俄]科兹洛夫:《死城之旅》,陈贵星译,新疆人民出版社2001年版,第128页。

④ [俄]科兹洛夫:《死城之旅》,陈贵星译,新疆人民出版社2001年版,第129—130页。

⑤ [英]台克满（Eric Teichman）:《领事官在中国西北的旅行》,史红帅译,上海科学技术文献出版社2013年版,第139页。

陡峭，到访者下山后，还需穿越险峻狭窄的安定峡谷，全程长达约13里。① 因地势险要，清政府在洋务运动期间大兴铁路，陇海线若非乌鞘岭"横亘其中"，建设难度将大大降低，与西安府—兰州府的铁路段相比无疑会轻松许多。②

此外，乌鞘岭长城历经岁月侵袭，却屹立不倒。这段长城的墙体由土坯砌成，保存状况不尽如人意，城墙上布满了锯齿形裂隙，但未损坏的墙身部分"高4.3米，顶部宽0.85米，底部宽2米多"，仍展现雄伟气势。③

（四）月牙泉、鸣沙山

月牙泉与鸣沙山（图1-7、图1-8）坐落于敦煌县以南，千百年来以山泉共处、沙水共生的沙漠奇观著称于世，被誉为塞外风光一绝。1906至1908年间，英国探险家斯坦因受印度政府之托，在中亚及中国西

图1-7　月牙泉，伯希和1908年摄④

---

① ［日］日野强：《伊犁纪行》，华立译，黑龙江教育出版社2006年版，第69页。
② ［英］台克满（Eric Teichman）：《领事官在中国西北的旅行》，史红帅译，上海科学技术文献出版社2013年版，第140页。
③ ［瑞典］斯文·赫定：《亚洲腹地探险八年（1927—1935）》，徐十周、王安洪、王安江译，新疆人民出版社1992年版，第749页。
④ ［法］伯希和等：《伯希和西域探险记》，耿昇译，人民出版社2011年版，第257页。

图 1-8　月牙泉、寺庙和鸣沙山，斯坦因 1914 年摄①

部地区考古探险。途径月牙泉，他首次发现中国西部边疆的迷人魅力。这片距市镇约 3 英里之遥的清澈小湖泊，位于绿洲南端之外，隐匿在重重沙丘的怀抱之中，因形似月牙而得名月牙泉，成为"纯洁的象征"。如此世外桃源，若在印度会被认为是春天神灵休憩的圣地。②

曾五次勇闯戈壁沙漠的女传教士"三人组"亦认为此处是静穆、优美的疗养胜地：

小小的蓝色湖水状似一弯新月，……宛如一块宝石，藏匿于温暖的沙地间……这里不曾为投宿者设立繁琐的规矩，却总能让人不自主地沉溺于这片祥和、宁静的氛围之中……没有人高声叫喊，也没有人行色匆忙，因为这片湖水被誉为"天堂后门"的显圣之地。城中病人到此寻求

---

① ［英］奥雷尔·斯坦因：《亚洲腹地考古图记》（第一卷），巫新华、秦立彦、龚国强、艾力江译，广西师范大学出版社 2004 年版，第 508 页。
② ［英］奥里尔·斯坦因：《斯坦因中国探险手记》（第三卷），巫新华、伏霄汉译，春风文艺出版社 2004 年版，第 688 页。

肉体滋养,亦在静思中寻得心灵的涤荡与升华。①

西方探险家对鸣沙现象以及沙丘的成因展开过探讨。女传教士们提出:沙丘之"奏乐"是来源于干燥的沙粒在滑动时相互摩擦所产生的声音。在沙漠中,沙子的迁移几乎完全依赖于风的力量。经过无数次的来回滚动,每一粒沙子变得平滑圆整。但女传教士们也坦诚地认为这样的推论过于简单,未能完全解释鸣沙现象。②

法国汉学家、探险家伯希和推断"鸣沙"所发出的声音并非"歌声",而是接近于民众敲击塔钟的声音,或是类似于"沙丘顶峰掉下的巨大金属片发出的响声"。同时,他在敦煌县逗留期间测绘多条路线,推断蒙古和罗布泊吹来的风沙由于"三危山"的阻挡,经年累月后形成近300米高的沙丘。月牙泉的存在足以证明这些沙山的基本轮廓(至少在有史可查的时期内)未发生过巨大变化。③

(五)敦煌绿洲

沙漠中的绿洲总面积为25平方公里,土壤肥沃、灌溉便利,敦煌绿洲因泉水终年不息,闻名古今。当地居民以汉人为主,总人口达30000人,分散在85个村庄中。敦煌县城内居住着3000至4000人,除商人、匠人外,大多数居民以务农为主。他们种植的农作物以小麦、大麦和玉米为主,使用的农用工具相当原始,但却能迎来丰收;家畜包括马匹和耕牛,也有大规模的家禽养殖场。为了防御匪患,每座村落筑有土筑寨堡。④

---

① Mildred Cable and Francesca French, *The Gobi Desert*, New York: The Macmillan Company, 1944, pp. 64 – 65.
② [法]蜜德蕊·凯伯、法兰丝卡·法兰屈:《戈壁沙漠》,黄梅峰、麦慧芬译,中国青年出版社2002年版,第65页。
③ [法]伯希和等:《伯希和西域探险记》,耿昇译,人民出版社2011年版,第51—53页。
④ [法]伯希和等:《伯希和西域探险记》,耿昇译,人民出版社2011年版,第72—73页。

(六) 六盘山

被日本探险家日野强誉为"交通要路上第一峻岭"①的六盘山,位于宁夏府南部的黄土高原,海拔7800尺②,山体东、西两侧的坡道总长度约为4里③,其中急陡地段占据了约2里的距离。④令人惊叹的是,山路设计极为巧妙,"遇到坡度大的地方就缩短距离,而后必定留出缓坡,以使拉车马匹得到喘息"⑤。

(七) 其余山脉

甘肃境内地形错综复杂、山脉纵横交错,寿鹿山、崆峒山、文殊山和陶勒山等各具特点,西人对此略有提及。

寿鹿山属祁连山脉东延端,位于兰州府皋兰县境内,因古老森林中常有白唇鹿出没而得名。山体巍峨壮观,"由几个分布在西北—东南方向的独立垅岗组成"⑥。这里地处腾格里沙漠与黄土高原的交汇地带,森林资源富集,"山北坡生长着栖息有鹿和麝的稠密云杉和灌木"⑦,无愧"戈壁绿岛"的美誉。此外,山区蕴藏丰富的矿产资源,"矿工在附近的井下采铜,有人在稍远处的山脚下开采煤矿"⑧,为这片土地增添无尽的财富。

崆峒山坐落于平凉府,素有"中华道教第一山"的盛名。山脚下,王母宫和问道宫蔚然矗立,沿途的山岩和镶嵌其间的碑石常镌刻着题字与铭记。山区内林深树茂,山岩陡峭。1908年8月,伯希和等人赴此考

---

① [日]日野强:《伊犁纪行》,华立译,黑龙江教育出版社2006年版,第54页。
② 1尺=0.3333米。——作者注
③ 1里=500米。——作者注
④ [日]日野强:《伊犁纪行》,华立译,黑龙江教育出版社2006年版,第54页。
⑤ [日]日野强:《伊犁纪行》,华立译,黑龙江教育出版社2006年版,第54页。
⑥ [俄]彼·库·柯兹洛夫:《蒙古、安多和死城哈喇浩特》,王希隆、丁淑琴译,兰州大学出版社2002年版,第353页。
⑦ [俄]彼·库·柯兹洛夫:《蒙古、安多和死城哈喇浩特》,王希隆、丁淑琴译,兰州大学出版社2002年版,第353页。
⑧ [俄]彼·库·柯兹洛夫:《蒙古、安多和死城哈喇浩特》,王希隆、丁淑琴译,兰州大学出版社2002年版,第353页。

察，赞叹道：这是"中国景区中很罕见的一个风景如画的地方，也是我至此从未欣赏过的。"①

文殊山，作为祁连山北麓坡地的一条支脉，位于肃州西南40里处②。相传文殊菩萨在此显圣，因此得名。后来，这里逐渐成为佛、道两家的修行、禅悟之所，由此寺庙林立。③

陶勒山属祁连山支脉，名声虽不及上述山岭显赫，但在斯坦因眼中，雄伟、瑰丽的陶勒山（图1-9、图1-10）轮廓分明，其间山谷错落有致、清晰可辨，为开展系统性考察工作提供了得天独厚的条件。④

图1-9　陶勒山雪峰，斯坦因1908年摄⑤

---

①　[法]伯希和：《伯希和西域探险日记（1906—1908）》，耿昇译，中国藏学出版社2014年版，第578页。

②　[法]伯希和：《伯希和西域探险日记（1906—1908）》，耿昇译，中国藏学出版社2014年版，第538页。

③　[法]伯希和：《伯希和西域探险日记（1906—1908）》，耿昇译，中国藏学出版社2014年版，第538页。

④　[英]奥里尔·斯坦因：《斯坦因中国探险手记》（第四卷），伏霄汉、巫新华译，春风文艺出版社2004年版，第841页。

⑤　[英]奥里尔·斯坦因：《斯坦因中国探险手记》（第四卷），伏霄汉、巫新华译，春风文艺出版社2004年版，第851页。

图 1-10　陶勒山雪峰，斯坦因 1908 年摄①

第三节　主要河流

甘肃的水资源以黄河和内陆河为主，黄河流域汇聚黄河干流②、洮河、湟水、渭河、泾河；内陆河流域包括石羊河、黑河、疏勒河三大水系。清末民初，西人在甘肃游历、考察的过程中不可避免地需要涉水、乘船、过桥，因此对水文状况多有观察和录述。

一　黄河及其支流

黄河（图 1-11），作为中华民族的摇篮，发源于青藏高原巴颜喀拉山北麓的约古宗列盆地。由于河源附近的居民多以藏族为主，法国天主

---

①　[英] 奥里尔·斯坦因：《斯坦因中国探险手记》（第四卷），伏霄汉、巫新华译，春风文艺出版社 2004 年版，第 852 页。

②　包括大夏河、庄浪河、祖厉河及其它直接汇入黄河干流的支流。——作者注

教传教士古伯察和英国探险家莱斯顿误以为黄河发源于西藏①,莱斯顿甚至声称黄河起源于"距离鄂陵湖不远的一个高高的分水岭"②。

图1-11　黄河上游的砂岩峭壁,台克满1916年摄③

由于雨季时节径流量的急剧增长,黄河沿岸地区水患频仍,美国旅行家盖洛甚至将黄河比喻为《圣经》中的以扫,"黄色以扫——这儿不是红色的——野蛮不羁、反复无常、容易冲动、破坏性强。它并没有给流域的居民们带来好处,只是带来了无穷的恐惧"④ 面对如此严峻的水患问题,莱斯顿曾提出一项大胆的治理方略——炸开黄河上游河道,降

---

① [法]古伯察:《鞑靼西藏旅行记》(第二版),耿昇译,中国藏学出版社2012年版,第154页。

② [英]德·莱斯顿:《从北京到锡金——穿越鄂尔多斯、戈壁滩和西藏之旅》,王启龙、冯玲译,西藏人民出版社2003年版,第21页。

③ Eric Teichman, *Travels of A Consular Officer in North-West China*, Cambridge: Cambridge University Press, 1921, p.181.

④ [美]威廉·埃德加·盖洛:《中国十八省府》,沈弘、郝田虎、姜文涛译,山东画报出版社2008年版,第301页。

低河水的流速①。

在探索黄河改道的历史渊源及个中缘由的过程中,西方地理学者评价"黄河改道的记载,充满了自大禹时代起直至今日的整部中国历史"②。而导致黄河改道的罪魁祸首正是泥沙。黄河流经中上游山区,坡度减缓、流速下降、径流量减少,河水中裹挟的大量泥沙在抵达入海口之前已沉积河底,日积月累,致使中下游河床不断抬升。③ 即便如此,日野强依旧认同中国古话——"万里黄河仅利宁夏""只有宁夏附近不仅水害最少,又可以灌溉万顷水田"④。

黄河最大的支流——渭河,发源于鸟鼠山,流域范围跨越甘肃东部和陕西中部地区。足立喜六指出,渭河以南的各支流径流量较小,含沙量较低,"大体上入冬后就干涸了,但有些河水常清洌可掬"⑤;渭河以北的支流虽然径流量较大,但含沙量奇高,通航条件欠佳。⑥

泾河是渭河的第一大支流,发源于六盘山东麓。由于泾河和渭河在含沙量上存在显著差异,河水呈现一清一浊、清浊不混的"泾渭分明"奇观。台克满认为,这一现象与甘肃东部的环江⑦有关,泾河是在与甘肃东北黄土高原上流淌而来的环河交汇后,才呈现出浊流滚滚的特征⑧。

---

① [英]德·莱斯顿:《从北京到锡金——穿越鄂尔多斯、戈壁滩和西藏之旅》,王启龙、冯玲译,西藏人民出版社2003年版,第21页。
② [法]古伯察:《鞑靼西藏旅行记》(第二版),耿昇译,中国藏学出版社2012年版,第154页。
③ [法]古伯察:《鞑靼西藏旅行记》(第二版),耿昇译,中国藏学出版社2012年版,第154页。
④ [日]日野强:《伊犁纪行》,华立译,黑龙江教育出版社2006年版,第83—84页。
⑤ [日]足立喜六:《长安史迹研究》,王双怀、淡懿诚、贾云译,三秦出版社2003年版,第27页。
⑥ [日]足立喜六:《长安史迹研究》,王双怀、淡懿诚、贾云译,三秦出版社2003年版,第27页。
⑦ 在中国,"北方多称河,南方多称江",但环江例外,虽处北方却称江。——作者注
⑧ [英]台克满(Eric Teichman):《领事官在中国西北的旅行》,史红帅译,上海科学技术文献出版社2013年版,第93页。

渭河的另一条支流——漳河发源于木寨岭,是漳县的"母亲河"。其砾石河床衍生诸多支流,河谷宽广,亦形成许多2至3俄里①宽的洼地。沿岸树木稀疏,村庄众多,农田多集中在河流左岸,视野开阔。②

至于黄河上游第二大支流——洮河,西人的文字记录乏善可陈,仅留下荷兰植物学家迈耶拍摄的沿岸自然风景照片(图1-12)。

图1-12 洮河风景,迈耶1914年摄③

黄河的另一条重要支流——湟水,源自西北方向库库淖尔(青海湖)与黄河的分水岭,后流向东南,与大通河、平番河汇合④。湟水的河床高度下降剧烈,河宽变化极大,在某些地段河流被沿岸的片麻岩和

---

① 1俄里=1.0668公里。——作者注
② [芬]马达汉:《马达汉西域考察日记(1906—1908)》,王家骥译,中国民族摄影艺术出版社2004年版,第490页。
③ 卞修跃:《西方的中国影像(1793—1949)弗兰克·迈耶卷》(第二册),黄山书社2015年版,第141页。
④ [俄]彼·库·柯兹洛夫:《蒙古、安多和死城哈喇浩特》,王希隆、丁淑琴译,兰州大学出版社2002年版,第169页。

结晶片岩峭壁夹挤，宽度仅有 10 至 20 俄丈①，流经狭窄地段后，河道迅速拓宽至 2 到 3 俄里，甚至形成 4 俄里的河谷。②

作为湟水的支流，大通河流域主要集中在西宁府东北部及凉州府、兰州府一带，水量充沛、流域狭窄。至天堂寺③，河水"如同一条银灰色的巨蟒，狂奔猛泻于阴沉的峭壁之间"④，蔚为壮观：

> 在哪里都不曾见到过如同大通河中游地带那样迷人的地方。这里有美妙的广阔森林，林间深谷中激流奔腾，有夏日花繁如毯的华美高山草地，旁边就是险不可攀的荒僻的悬崖峭壁和大堆自山的最高地带崩落下来的光秃秃的岩屑，下面又有水流疾速蜿蜒迴转的大通河喧哗奔腾于巨石陡崖之间。⑤

二 内陆河、湖泊

（一）黑河（额济纳河）

黑河，又称额济纳河，发源于甘肃祁连山北麓中段的内陆河，流经大通县、甘州府、肃州与额济纳土尔扈特旗等地。斯坦因曾在黑河三角洲地区展开深入调研，主张黑河谷地是北方游牧民族向南进犯的要道：

> 历史上，无论是那些长途奔袭的武装军队，还是万里求财的和平商队，都把这里作为他们最为重要的交通枢纽。沿途时而遇到的

---

① 1 俄丈 = 2.134 米。——作者注
② ［俄］彼·库·柯兹洛夫：《蒙古、安多和死城哈喇浩特》，王希隆、丁淑琴译，兰州大学出版社 2002 年版，第 170 页。
③ 位于今甘肃武威市天祝藏族自治县县城西面，大通河边。其前身为唐宪宗时期建造的藏族原始本教寺，又称阳庄寺。——作者注
④ ［俄］彼·库·柯兹洛夫：《蒙古、安多和死城哈喇浩特》，王希隆、丁淑琴译，兰州大学出版社 2002 年版，第 166 页。
⑤ ［俄］彼·库·柯兹洛夫：《蒙古、安多和死城哈喇浩特》，王希隆、丁淑琴译，兰州大学出版社 2002 年版，第 166 页。

古代与近代戍堡等军事设施，便足以证明这是一条通往蒙古草原的通道，而且从古至今一直都是被充分重视和重点守卫的。①

（二）疏勒河

疏勒河为内流水系，发源于祁连山区疏勒南山与陶赖南山之间的疏勒脑。其源头位于海拔约13000英尺的高山盆地苔原带。② 斯坦因曾调查疏勒河源头的冰川，以及疏勒河流经的昌马乡、玉门县和安西州之间的荒地和河床，发现受冰川融水影响，疏勒河的径流量极不稳定，这给下游渠源的维修以及当地的水供应带来了困扰。③

相比于农耕价值，疏勒河的军事作用更加突出。在中国最早向中亚输送军队和商队的历史进程中，疏勒河成为重要的安全保障线。④ 深谙这一点的清政府将其纳入防御工事，"从疏勒河在玉门县的拐弯处直至末端的盆地，长城及其烽燧一直沿河而建，以防此路被匈奴进攻"⑤。

此外，对疏勒河地区的考察具有地理学与史学价值：一是分布极广的台地群（图1-13）和山岭表明，疏勒河是拜什托格拉克⑥以东古湖盆的主要水源。由于与塔里木盆地存在诸多相似之处，疏勒河下游以西的辽阔低地从未有大型游牧部落居住，各民族在大迁徙时也从未借道于此。⑦

---

① ［英］奥里尔·斯坦因：《沿着古代中亚的道路：斯坦因哈佛大学讲座》，巫新华译，广西师范大学出版社2008年版，第265页。
② ［英］奥里尔·斯坦因：《沿着古代中亚的道路：斯坦因哈佛大学讲座》，巫新华译，广西师范大学出版社2008年版，第259页。
③ ［英］奥雷尔·斯坦因：《穿越塔克拉玛干》，巫新华、新华、张良仁、赵静译，广西师范大学出版社2000年版，第4页。
④ ［英］奥里尔·斯坦因：《从罗布沙漠到敦煌》，赵燕、谢仲礼、秦立彦译，广西师范大学出版社2000年版，第64页。
⑤ ［英］奥里尔·斯坦因：《从罗布沙漠到敦煌》，赵燕、谢仲礼、秦立彦译，广西师范大学出版社2000年版，第65页。
⑥ 隶属今新疆维吾尔自治区和田地区洛浦县，位于洛浦县东北部，东与策勒县毗邻，南与阿其克乡相接，西与多鲁乡相连，北与阿克苏市接壤。——作者注
⑦ ［英］奥雷尔·斯坦因：《亚洲腹地考古图记》（第一卷），巫新华、秦立彦、龚国强、艾力江译，广西师范大学出版社2004年版，第479—480页。

图1-13 疏勒河尾闾以北古湖盆中的台地，斯坦因1907年摄①

二是疏勒河下游的风蚀作用显著。强劲的风力将粉尘不断吹向敦煌绿洲以南的沙山，在党河②所携带的沉积物之上堆积起沙丘。③ 三是盐结壳现象突出。在安西州城和敦煌县之间，一段布满砾石的高地阻隔了原本汇入黑河的水流，形成的沼泽地出现季节性干涸，地表的水分蒸发后出现盐结壳现象。即使盐沼规模较小，斯坦因依旧认为这一过程与罗布泊的干涸现象类似。④

---

① ［英］奥雷尔·斯坦因：《亚洲腹地考古图记》（第一卷），巫新华、秦立彦、龚国强、艾力江译，广西师范大学出版社2004年版，第470页。
② 疏勒河支流，古名氏置水，亦称龙勒水、甘泉水、都乡河，清代始称党河。源出肃北蒙古族自治县巴音泽尔肯乌拉和崩坤达坂，西北流至鸣沙山，经党河水库，转向东北，入敦煌绿洲，至敦煌市，原在北土窑墩注入疏勒河，并最终消耗于敦煌西湖。——作者注
③ ［英］奥雷尔·斯坦因：《亚洲腹地考古图记》（第一卷），巫新华、秦立彦、龚国强、艾力江译，广西师范大学出版社2004年版，第512页。
④ ［英］奥雷尔·斯坦因：《亚洲腹地考古图记》（第一卷），巫新华、秦立彦、龚国强、艾力江译，广西师范大学出版社2004年版，第519页。

(三) 南湖

南湖系人工挖掘而成，位于敦煌县以西的南湖乡。境内水资源丰富，又被称为南湖绿洲。绿洲东西延绵2英里，南北宽约2英里。这里土地丰腴，利用率较高，乡村周围是精耕细作的农田，灌溉水渠旁种植着一排排树木，宛如世外桃源。①

南湖乡的村民自给自足，生活安逸。在西人笔下，南湖是"进入恐怖的罗布沙漠的门户"，但从未受到风沙侵扰。每家每户的谷仓内都可见小麦、玉蜀黍、高粱、辣椒等重要农作物。②

除旖旎的自然风光外，南湖古城也吸引了西人的目光。(图1-14是斯坦因测量、绘制的南湖古城平面图)

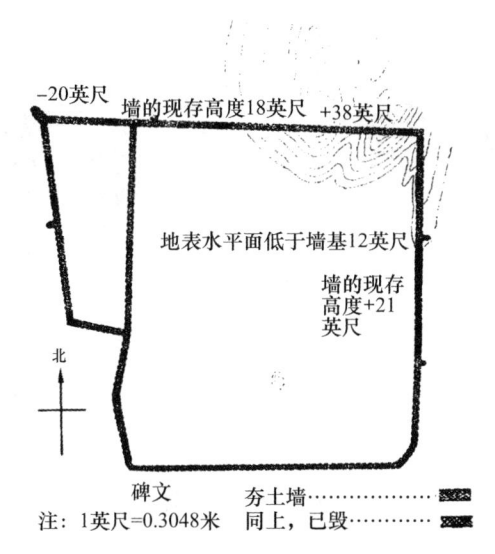

图1-14　南湖古城平面图，斯坦因1907年绘③

---

① [英] 奥里尔·斯坦因：《斯坦因中国探险手记》(第三卷)，巫新华、伏霄汉译，春风文艺出版社2004年版，第605—606页。
② [法] 蜜德蕊·凯伯、法兰西丝卡·法兰屈：《戈壁沙漠》，黄梅峰、麦慧芬译，中国青年出版社2002年版，第60页。
③ [英] 奥里尔·斯坦因：《从罗布沙漠到敦煌》，赵燕、谢仲礼、秦立彦译，广西师范大学出版社2000年版，第128页。

古城遗址位于南湖绿洲以东约1英里处，这里曾是一片农耕区（图1-15、图1-16），遗址北墙保存完好，东、西墙稍短。在风蚀作用下，部分地段仍保持完整。但由于侵蚀作用以及流沙的侵扰，南湖遗址的城门位置难以确定。①

图1-15　南湖以北废弃的农庄和篱笆，斯坦因1907年摄②

图1-16　南湖以北废弃的农庄，斯坦因1907年摄③

南湖在军事上具有举足轻重的地位。对于经由罗布泊或柴达木进入敦煌县的旅者，这里是他们渴盼已久的水源和牧草补给地。一旦掌控南

---

① ［英］奥里尔·斯坦因：《从罗布沙漠到敦煌》，赵燕、谢仲礼、秦立彦译，广西师范大学出版社2000年版，第127页。
② ［英］奥里尔·斯坦因：《从罗布沙漠到敦煌》，赵燕、谢仲礼、秦立彦译，广西师范大学出版社2000年版，第148页。
③ ［英］奥里尔·斯坦因：《从罗布沙漠到敦煌》，赵燕、谢仲礼、秦立彦译，广西师范大学出版社2000年版，第150页。

湖，便能有效防御来自阿尔金山部落的侵扰，是"防御西面来犯部落的天然屏障"。①

第四节 动植物分布

一 动物

甘肃横跨西南季风区、青藏高原区和西北干旱区。由于自然环境复杂，动物种类丰富、独特，多栖息于甘肃山区。以下是西人眼中此地较具代表性的野生物种。

（一）西北山区野牦牛

野牦牛是青藏高原的特有物种，主要栖息在甘肃西北部海拔较高的高山草甸、山间盆地、高寒草原。成年公牦牛体型魁梧，平均身高达11法尺②，双角长2.9法尺，牛角根部的周长为1.4法尺；毛发细长且富有光泽，牛尾长约3法尺。与其他野生动物相比，野牦牛嗅觉灵敏，辨识范围可达半俄里之遥，但视觉和听觉较弱，"甚至在一块开阔地和一个晴朗的日子里，它也仅能勉强地分辨出其周围1000步地方的人或物，必须有一种极大的响声才能引起它的注意"。野牦牛生性喜静，除进食外，在大部分时间里或立或卧，甚至可以数小时保持同一种姿势。③

作为珍稀物种，野牦牛在甘肃的分布范围原本十分广泛，但随着人类活动领域的逐渐扩大，栖息地被日益破坏，加之当地民众肆意捕杀，野牦牛的数量逐年减少，面临着巨大的生存威胁。④

---

① ［英］奥里尔·斯坦因：《从罗布沙漠到敦煌》，赵燕、谢仲礼、秦立彦译，广西师范大学出版社2000年版，第141—142页。
② 1法尺=0.32484米。——作者注
③ ［法］古伯察：《鞑靼西藏旅行记》（第二版），耿昇译，中国藏学出版社2012年版，第549—550页。
④ ［法］古伯察：《鞑靼西藏旅行记》（第二版），耿昇译，中国藏学出版社2012年版，第549页。

(二) 祁连山区动物

在近代往来甘肃考察的西人中，不乏专程在祁连山地区采集动植物标本的探险家，其中以普尔热瓦尔斯基考察队最具代表性。据他们的发现，该地区的鸟类资源最为丰富，共计106种留鸟①，涵盖猛禽、攀禽、鸣禽、鸽形目和鸡形目五大类，另外还有18种候鸟。尽管甘肃与蒙古地区毗邻，仍有43种鸟类为甘肃所独有。生活在甘肃的部分鸟类属西伯利亚、华北、喜马拉雅山脉和天山山脉几大动物区系代表，如以高山兀鹫、秃鹫和胡兀鹫为主的猛禽；以雨燕、布谷鸟和啄木鸟为主的攀禽；以及种类繁多的鸣禽、鸽形目和鸡形目鸟类。②

祁连山区的哺乳类动物有食肉目、啮齿目和反刍动物，共计18种。在食肉目中，大型动物数量较少，仅有野猫、熊、艾鼬、狐、獾、豺（一种小型狼，体型较小，毛色偏红）及灰狼。啮齿动物主要包括旱獭、鼹鼠及鼠兔；反刍动物多为麝鹿、岩羊、鹿和狍。普尔热瓦尔斯基认为，祁连山地区动物的分布深受人类活动影响，一方面猎杀过度致使动物数量锐减，另一方面当地山民的活动区域扩大，阻碍了野生动物的自由繁衍。③

(三) 贺兰山区动物

较之祁连山区，贺兰山地区水源贫乏、气候干旱，动物种类尤为单一。科兹洛夫考察队在当地仅收集到15种鸟类、10种哺乳动物的样本。鸟类包括：鸦、云雀、小柳莺、石鹎（多栖息于峡谷口附近）、凤头百灵、达斡尔沙鸡（主要在高纬度地区活动）、白翅蜡嘴雀、红翅旋壁雀、兀鹰和红隼（茶隼）等。其中一种野山鸡（俄国人称之为蓝野鸡或长耳野鸡）因其尾羽是制作顶戴花翎（清朝官员冠饰）的重要原料，遭到残

---

① 终年生活在一个地区（通常是出生地或繁殖区），不随季节迁徙之鸟。——作者注

② [俄] 尼·米·普尔热瓦尔斯基：《蒙古与唐古特地区：1870—1873年中国高原纪行》，王嘎译，中国工人出版社2019年版，第243—246页。

③ [俄] 尼·米·普尔热瓦尔斯基：《蒙古与唐古特地区：1870—1873年中国高原纪行》，王嘎译，中国工人出版社2019年版，第242—243页。

酷捕杀。猎人们据其习性,利用枯枝与金属废料在山间设置障碍,诱使它们通过预留的通道,落入陷阱,最终以绳缚之。①

哺乳动物以马鹿、麝和岩羊(蒙古人称为"库库亚曼")为主,马鹿(图1-17)的数量最多,同时也有狼、狐、黄鼠狼、野兔(蒙古兔)、黄鼠和田鼠出没其间。②

图1-17 山中的马鹿,科兹洛夫1908年绘③

(四)戈壁沙漠动物

在甘肃广袤的沙漠和沙地之中,鸟类只有水鹈鸫、野鸽、秃鹰和金鹰寥寥数种。但野生动物较多,以骆驼、驴、羚羊以及狼等体型较大的哺乳动物为主。与山地动物不同,它们大多行动迅捷,耐力惊人。例如,当地成年野公羊的犄角长45英寸④,基部周长约15至18英寸,重约30至40磅⑤。它们能够以极快的速度进行长距离奔跑,"还能像有翅动物

---

① [俄]科兹洛夫:《死城之旅》,陈贵星译,新疆人民出版社2001年版,第132—134页。

② [俄]科兹洛夫:《死城之旅》,陈贵星译,新疆人民出版社2001年版,第132页。

③ [俄]科兹洛夫:《死城之旅》,陈贵星译,新疆人民出版社2001年版,第130页。

④ 1英寸=0.0254米。——作者注

⑤ 1磅=453.59237克。——作者注

般轻盈地从一个危崖跳到另一个危崖"。①

据凯伯和法兰屈记载,当地有一种金蛇,令往来甘肃的商队谈之色变。这种蛇每每藏匿于车辙中,伺机而动,不少经过的马匹和骆驼因此丧命。另一种沙漠的"常驻民"——蜥蜴生性喜光,热爱乐响,常闻声而聚,"音乐持续多久,它就一动也不动地听多久",这些蜥蜴还会根据环境的变化,改变肤色。多数蜥蜴人畜无害,但其中也不乏一种体型较大、罕见的剧毒蜥蜴。②

二 植物

西人在甘肃的植物学考察,既是在商业利益驱使下对自然资源的一种开发利用行为,也体现了对中国生物分类学领域进行科学研究的执着追求。他们采集的大量标本被送往英国邱园、法国巴黎自然博物馆植物园、俄国圣彼得堡植物园和美国阿诺德树木园等机构进行保存与深入研究。③

(一) 祁连山区植物

如前所述,祁连山地区得天独厚的自然条件孕育了丰富多样的野生动植物群。普尔热瓦尔斯基团队详细记录了当地的树木、灌木和草本植物,如低山带以喜马拉雅桦树与白桦树为主。后者数见不鲜,在俄罗斯亦有分布,而喜马拉雅桦树对这支考察队来说实属难得一见。这种树高约10至12米,粗0.3至0.45米,外观与普通桦树近似,但脱落的树皮会"一团一团地挂在树干上"④。当地藏族人利用这种树皮替代纸张制作卷烟。中山带生长山杨、松树和云杉,以及一种名为高塔圆柏的特殊树

---

① [法]蜜德蕊·凯伯、法兰西丝卡·法兰屈:《戈壁沙漠》,黄梅峰、麦慧芬译,中国青年出版社2002年版,第107—108页。

② [法]蜜德蕊·凯伯、法兰西丝卡·法兰屈:《戈壁沙漠》,黄梅峰、麦慧芬译,中国青年出版社2002年版,第108—109页。

③ 伍小东:《晚清民初近代生物学知识在西北地区的传播》,《中国科技史杂志》2022年第3期,第385页。

④ [俄]普尔热瓦尔斯基:《荒原的召唤》,王嘎、张友华译,新疆人民出版社2000年版,第228页。

种。高塔圆柏高6米、粗0.3米,只生长在祁连山南坡的灌木带中。当地人将其奉为圣树,常用树枝制作熏香以供奉神灵。①

祁连山的灌木生长茂密,夏季生有西洋山梅花、蔷薇、小檗、中国接骨木、刺李、金银花以及类似欧洲悬钩子的物种。考察队还在此地发现了合叶子、黑醋栗、樱桃、卫矛、野胡椒、旬子、黄锦鸡儿和白花金露梅等植物。②

山中最为丰富的当属草本植物,包括芍药、橐吾、缬草、唐松草、老鹳草、耧斗菜、苍葜、地榆、柳兰、翠雀、艾菊、旋覆花和蕨等。③ 因当时西方对大黄的系统研究尚属空白,普尔热瓦尔斯基团队对此详录:

> 叶柄呈椭圆形,和手指的粗细相当,长有时可达66厘米;叶柄的下部为浅绿色,上部为红色,整个叶柄上都布满细细的红色条纹,长约2.5—5毫米……挖大黄根一般在9—10月……西宁是大黄贸易的主要集散地……冬天大黄经陆路,春天经水路,沿黄河从西宁运往北京、天津及其他中国港口,卖给欧洲人。此时,大黄的身价与在西宁时相比已高出5—9倍……④

另外,岷州、武威县、武都县、河州等地均产大黄,产量达每年50万斤以上。俄罗索斯诺夫斯基考察队对于大黄的贸易情况有所调查和记载。

---

① [俄] 普尔热瓦尔斯基:《荒原的召唤》,王嘎、张友华译,新疆人民出版社2000年版,第227—228页。
② [俄] 普尔热瓦尔斯基:《荒原的召唤》,王嘎、张友华译,新疆人民出版社2000年版,第228—229页。
③ [俄] 普尔热瓦尔斯基:《荒原的召唤》,王嘎、张友华译,新疆人民出版社2000年版,第229页。
④ [俄] 普尔热瓦尔斯基:《荒原的召唤》,王嘎、张友华译,新疆人民出版社2000年版,第230—231页。

大黄是南山一带主要的财富，唐古特人一般在9月份采挖，对根部略作清理后，用3—4天的时间晾干，然后捆扎，每捆140根，大批量交易时以100根计算。大黄在产地的价格为20000乔赫，或3卢布60戈比，但在天津，我们的商人以每百根30两银子，或20卢布的价格收购，仍十分获利。甘肃大黄在中国很有名，最出色的要数河州和岷州所产大黄，多销往恰克图。西宁府、凉州府、甘州府和山丹是大黄的主要销售市场。①

盖洛亦曾述及中国人十分珍视大黄。大黄秆高达10英尺，一个根部茎块重约50磅。民众挑选雄性大黄的老根茎，待晒干、去皮后将其出口至各地。②

(二) 贺兰山区植物

科兹洛夫考察队将贺兰山西坡的植物生态划分为三个垂直带：山麓地带（包含草原植物品种）、森林地带和高山地带。

山麓地带固有树种包括榆树、野生李树和桃树；灌木包括野蔷薇、玫瑰，少量麻黄、带刺的旋花和猫头刺；草本植物有大黄、骆驼蓬、大戟、冰草、景天、肥马草（臭草）、独行菜和鸦葱等等。③

森林地带展现出更为显著的植物多样性特征。植物主要生长在峡谷北坡，有云杉、普氏杨树、白杨和柳树，东坡以松树为主。常见灌木包括小檗、委陵菜、榛、忍冬、刺柏、丁香、茶藨子、悬钩子等；草本植物有堇菜、红百合、马先蒿、矢车菊、耧斗菜、银莲花、紫云英、骆驼刺等；潮湿之地还包括柳叶菜、缬草、蒲公英、莴苣、地榆等。

---

① 武沐：《甘肃通史·明清卷》，甘肃人民出版社2009年版，第297页。
② [英]威廉·埃德加·盖洛：《中国长城》，沈弘、恽文捷译，山东画报出版社2006年版，第294页。
③ [俄]科兹洛夫：《死城之旅》，陈贵星译，新疆人民出版社2001年版，第130—131页。

随着地势升高，高山地带还生有其他草本植物，如毛茛、龙胆、石竹、紫堇等。但除了多刺的锦鸡儿外，这一地带几乎难以见到其他灌木植物，草本植物也较为矮小。①

(三) 戈壁沙漠植物

甘肃戈壁沙漠属于典型的大陆性气候，冬冷夏热，昼夜温差悬殊，全年降水量稀少且主要集中在夏季，因此该地的植被根系发达，耐旱耐寒。其中，坚韧的沙漠禾本科植物——芨芨草，在资源极端匮乏的沙漠中发挥了不可替代的作用：可编结成网，防风固沙；可织成草席，也能做屋顶的衬里；由它编织而成的筛子、篮子、掸子和马栉梳在厨房、旅店以及车夫手中随处可见；妇女使用芨芨草制作梭子和机杼；每个小孩都拥有芨芨草制成的玩具。②

戈壁沙漠还孕育了其他价值较高的植物，如娑罗树、甘草、大黄及麻黄等等。富裕人家对可用于烧制优质木炭的娑罗树"需索甚殷"；至于具备医用价值的甘草、大黄及麻黄，居民将其晒干、切块，置于屋顶，待骆驼商队经过时卖出，销往各地。③

第五节 煤矿与金属

自清末民初，中央政府力主"开发西北"，缘于西北地区的重要地理地位，更因为这片占据国土面积近三分之一的广袤土地蕴藏着丰富的矿产资源。④ 1904 至 1905 年间，穿越陕西、甘肃、阿拉善山脉的莱

---

① [俄]科兹洛夫：《死城之旅》，陈贵星译，新疆人民出版社 2001 年版，第 131—132 页。

② [法]蜜德蕊·凯伯、法兰西丝卡·法兰屈：《戈壁沙漠》，黄梅峰、麦慧芬译，中国青年出版社 2002 年版，第 112—113 页。

③ [法]蜜德蕊·凯伯、法兰西丝卡·法兰屈：《戈壁沙漠》，黄梅峰、麦慧芬译，中国青年出版社 2002 年版，第 114 页。

④ 伍小东：《晚清民初近代生物学知识在西北地区的传播》，《中国科技史杂志》2022 年第 3 期，第 391 页。

斯顿一路向西，前往西藏，途中发现"整个旷野里到处都有煤迹，或者暴露在地面上，或者躺在河道里"①。比利时国王也曾派遣工程师勘探此地资源，在兰州府设立永久办事处，意在获得地方官府的开矿许可。②

东亚同文会对甘肃矿藏的考察十分细致，不独提及主产区的情况，还关涉煤炭的运输方式与价格（表1-3）等。

表1-3　　　　　　　　　　煤炭各地价格③

售地	产地	重量	品质	价格
泾州	瓦亭县	1斤	—	3文
平凉府	瓦亭县	1斤	—	3文
固原州	炭山④	1斤	—	7至8文
平远县⑤	平远县	1斤	—	5文
石沟驿	石沟驿	1斤	—	2文
宁夏府	石沟驿	1斤	质优	5至8文
宁夏府	山西	1斤	质劣	4至5文

据记载，甘肃的煤炭主要产自平凉府、阿干镇、成县、石沟驿等地，大部分从事煤炭采掘工作的是农民，他们的采掘方式极为原始：用锄头

---

① ［英］德·莱斯顿：《从北京到锡金——穿越鄂尔多斯、戈壁滩和西藏之旅》，王启龙、冯玲译，西藏人民出版社2003年版，第30页。

② ［英］德·莱斯顿：《从北京到锡金——穿越鄂尔多斯、戈壁滩和西藏之旅》，王启龙、冯玲译，西藏人民出版社2003年版，第30页。

③ 東亜同文会：『中国省別全志——甘肃卷（附新疆省）』，東亜同文会，1918，第639页。

④ 位于今甘肃永昌县东南。《清一统志·凉州府一》："炭山'在永昌县东南二十里。产石炭'。"——作者注

⑤ 清同治十二年（1873）置，属固原州。治所在下马关（今宁夏同心县东北下马关镇）。1913年改名镇戎县。——作者注

之类的工具挖掘后,借人力、驴、骡、牛车运输。①

除煤矿外,甘肃还蕴藏银、金、锡、锌、铜和铁等重要金属。但矿产地大多位于偏远地区,交通闭塞,无法进行大规模开采活动。②

---

① 東亜同文会:『中国省別全志——甘粛巻(附新疆省)』,東亜同文会,1918,第632—639頁。
② [英]德·莱斯顿:《从北京到锡金——穿越鄂尔多斯、戈壁滩和西藏之旅》,王启龙、冯玲译,西藏人民出版社2003年版,第94页。

第二章 民风民俗

晚清至民国是一段波澜壮阔的历史时期，社会变革的浪潮席卷神州大地，许多西人扮演着社会变革记录者的角色。通过他们的著作、科考记录和旅行笔记，能够一窥当时甘肃民众在生产生活、衣着服饰、民居建筑以及教育发展等方面的生动图景。这些记录不仅丰富了我们对甘肃的了解，还为后来的研究提供了宝贵资料。

第一节 民情

一 生产生活

布鲁斯经过深入的调研后指出，甘肃民众主要以农耕为生。但甘肃地形多山且土壤沙质，宜耕土地十分有限①，加之缺乏先进农具，耕种技术较为原始②，导致大部分地区的粮食收成仅可敷自给，一旦歉收，须从渭河谷地紧急调运粮食，方解燃眉之急。③

省内部分地区的主食较为单一，如固原州平远县的民众日常只能食用由高粱粉面烧制的汤，或是简单的小麦粉烧饼。而地处黄河沿岸平原

---

① 石志新：《清末甘肃地区经济凋敝和人口锐减》，《中国经济史研究》2000年第2期，第80页。

② 東亜同文会：『中国省别全志——甘肃卷（附新疆省）』，東亜同文会，1918，第228页。

③ ［英］C. D. 布鲁斯：《走出西域——沿着马可·波罗的足迹旅行》，周力译，海潮出版社2000年版，第229页。

地带的宁夏府和平凉府，土壤肥沃，五谷蔬菜充足①。其中，石嘴子城②的食物种类尤为丰富，包括牛羊肉、米饭、面条、糕点和蔬菜，且夜间常有流动的饭铺为居民提供便捷的送餐服务。③ 居住在高山坡地或者水草丰茂之地的民众，如肃州以北和南山的蒙古族以及裕固族，除农耕外还兼营畜牧业。④

较之农牧民，贩夫走卒更易接触、接受新鲜事物，能够获得更好的生计：

> 在旅途中，甘肃人给我们留下了极佳的印象，尤其是那些马车夫。相较于中国内陆的普通人，他们十分礼貌，思想开放，富有进步意识，对外国人没有敌意。大路上的人流形形色色，他们几乎涵盖了中国北部的各个地区，彼此之间的差异性之大，几乎如同异国人。这为马车夫们提供了一个难得的机会，他们能够观察从省长、高级官员到普通商人等各阶层的百态人生，更能够与来自不同国家的外国人接触、交流。⑤

二 衣着服饰

据东亚同文会记载，甘肃民众的服饰由手工缝制而成，所使用的布

---

① 東亜同文会：『中国省別全志——甘粛巻（附新疆省）』，東亜同文会，1918，第231—232页。

② 位于今宁夏石嘴山市惠农区石嘴山黄河大桥北1.5千米处的黄河岸边。《嘉靖宁夏新志》记载："石嘴山，城东北二百里，突出如嘴"。清代曾为市口（夷场），依托石嘴子便利的水运条件，成为河套地区蒙汉贸易、农牧交易的主要市场。——作者注

③ ［法］古伯察：《鞑靼西藏旅行记》（第二版），耿昇译，中国藏学出版社2012年版，第14页。

④ 闫丽娟：《中国西北少数民族通史（民国卷）》，民族出版社2009年版，第12页。

⑤ Clarence Dalrymple Bruce, *In the Footsteps of Marco Polo: Being the Account of A Journey Overland from Simla to Pekin*, Edinburgh and London: William Blackwood and Sons, 1907, p.276.

料多以土布为主，或是进口美国、日本的廉价洋布；鞋子多由木棉所制，质地粗糙。由于部分地区畜牧业发达，且冬季气候寒冷，身着羊毛、羊皮衣服者众多。①

图 2-1　身着布制服饰的甘肃中年男子，莫理循 1910 年摄②

---

① 東亜同文会：『中国省別全志——甘粛卷（附新疆省）』，東亜同文会，1918，第232頁。
② 沈嘉蔚：《莫理循眼里的近代中国：目击变革》，窦坤等译，福建教育出版社2005年版，第46页。

图 2-2　身着皮衣的甘肃老人，莫理循 1910 年摄①

此外，独具特色的少数民族服饰不仅起到护体、御寒的作用，还标志着所属族群、婚配以及年龄等社会信息。本章第二节将对此展开详述。

三　民居建筑

作为当地一道独特的风景线，甘肃民居具有三种典型的建筑风格：通往兰州府经济相对繁荣的主路旁多见木制房屋，居住环境较为优越。在泾州、平凉府、固原州等山区，窑洞式民居广泛分布。这种建筑稳固性较差，居民须随时准备迁移；平远县至灵州一带，由于草木萧疏，建材匮乏，房屋多为土制，呈平顶长方形结构。② 相比于木屋，窑洞和土

---

①　沈嘉蔚：《莫理循眼里的近代中国：目击变革》，窦坤等译，福建教育出版社 2005 年版，第 48 页。

②　東亜同文会：『中国省別全志——甘粛卷（附新疆省）』，東亜同文会，1918，第 230—231 页。

垒房屋的内部结构简单，布置粗陋，卫生条件恶劣：

> 通常情况下，室内采光较差，空气流通性欠佳，甚至时有家畜和人同室而居的现象。动物的排泄物往往未能得到及时清理，导致室内环境极其恶劣，但当地人却对此习以为常。他们不太在意自家的花坛和院子，打理得十分马虎，对居住环境的条件要求不高。①

少数民族的房屋建设则与其生活方式和宗教信仰紧密相连。例如，甘肃藏族民众依地形建造的自然寨和注重防御功能的官寨（碉房）；肃北地区蒙古族和部分裕固族人居住在便于迁徙的蒙古包或毡房中。② 相较之下，回族穆斯林的房屋整洁有序，尤其是"汉式的穆斯林礼拜堂"得到了精心管护，给西人留下了深刻印象③。

四 教育发展

在清末民初洋务运动和实业救国的浪潮中，甘肃教育逐步迈向"新学"④。自1866年调任陕甘总督伊始，左宗棠便致力于兴办义学和书院，并奏请清廷在科举考试上实行陕甘分闱，特设一科，专为收录回族子弟。1905年，清政府废除科举制，效仿西方改革教育制度，由政府创立学校，开设儒学和西方科学课程；同时按照行政区划，设置各级学校，如农村设立初等小学，县成立中学，省成立大学和师范学堂，后亦设立技术、农业

---

① 東亜同文会：『中国省别全志——甘肃卷（附新疆省）』，東亜同文会，1918，第230頁。

② 李慧：《甘肃建筑文化的传承与发展》，甘肃人民美术出版社2012年版，第56—58页。

③ [英]台克满（Eric Teichman）：《领事官在中国西北的旅行》，史红帅译，上海科学技术文献出版社2013年版，第133页。

④ 東亜同文会：『中国省别全志——甘肃卷（附新疆省）』，東亜同文会，1918，第233頁。

等专门学府。① 至1911年，甘肃全省先后成立师范学堂2所、实业学堂2所、军事学堂2所、普通中学堂13所、高等和初等小学堂992所。②

兰州府城的省立学堂（高等学堂）、武备学堂、中等学堂以及小学堂均采用西式教学法，配有精美教科书、教具、地图和商务印书馆印制的彩色图表。其中，高等学堂聘请日本教师和比利时传教士担任教员；矿业学堂配备先进的实验设备。③ 相形之下，其他州府的教育普及率较低，很难见到学堂的踪影，仅有类似日本德川幕府时代的"寺小屋"④，用于教授学生习字、读书。学生群体只限于少数中等收入家庭子女，普通农民家的孩子即便到了入学年龄，也因家境所迫，不得不从事劳作，受教育者寥寥。此外，部分少数民族因宗教信仰和偏见，不愿拜读儒学。⑤

在此期间，甘肃女性地位和教育状况也得到明显提高。1865年，比利时籍圣母圣心会创始人南怀仁在庆阳府创立第一所教会女子小学，开辟了甘肃女子接受学校教育的先河。随后，教会女学在甘肃迅速发展。至1901年，慈禧太后推行新政，教会学校利用这一条例，促进甘肃女性的思想解放，裹脚陋习渐次破除。⑥ 1919年，全省教育行政会议通过《提倡女子天足案》，在兰州府成立"天足总会"，进一步促进女性地位的提升和教育发展。⑦

---

① ［美］E. A. 罗斯：《变化中的中国人》，何蕊译，译林出版社2015年版，第170页。

② 买雪燕：《甘肃近代高等教育发展研究》，经济科学出版社2018年版，第58页。

③ ［澳］莫理循：《一个澳大利亚人在中国》，窦坤译，福建教育出版社2007年版，第225、227页。

④ 日本江户时代（1600—1868年）寺院所设的私塾，又称作寺或寺子屋。寺子屋教育的实用性较强，除培养读、写、算能力外，还讲授地理、人名、书信写作以及生活技巧。——作者注

⑤ 東亜同文会：『中国省别全志——甘粛卷（附新疆省）』，東亜同文会，1918，第232—234页。

⑥ ［美］E. A. 罗斯：《变化中的中国人》，何蕊译，译林出版社2015年版，第103页。

⑦ 买雪燕：《甘肃近代高等教育发展研究》，经济科学出版社2018年版，第83页。

第二节 少数民族

甘肃多民族混居的现象古已有之,西人在考察过程中,从相貌、体格、服饰、饮食、语言、住房、婚俗、丧葬等方面对回族、藏族、土族和裕固族等主要少数民族进行了较为详尽的描述。

一 土族

土族世代居住在青海湖以东、祁连山以南,湟水和大通河两岸的青藏高原边缘地带。① 其先民主要是吐谷浑人,在唐代吐谷浑亡国后,择居于凉州、祁连山、浩门河流域以及河湟流域。土族没有自己的文字,在与其他民族的长期交往中,以汉语与藏语为书写语言②,蒙语、藏语、突厥语、汉语成为日常交流口语③。在信仰上,土族人民兼收并蓄,允许佛教、伊斯兰教和萨满教等多种信仰并存④。

科兹洛夫曾称赞土族人端庄文雅、态度谦恭,其服饰整洁、式样独特且颇为考究。⑤ 具体来说,土族男子多身着右开式深蓝色棉布长袍,腰间系腰带,胸前的口袋可装盛各类物品;干活时,他们常裹羊袍御寒;假日里外套坎肩;常佩带银手镯和镶满珊瑚、绿松石的戒指。女子服饰精美繁复,外袍由绵羊或山羊毛织成,内衬蓝布,前襟采用左开式;每逢节日,她们穿黑色、绿色或紫色的棉布内袍,戴两三套袖子,或套前后开叉的裙

---

① 闫丽娟:《中国西北少数民族通史(民国卷)》,民族出版社 2009 年版,第 11 页。
② 杨建新:《中国西北少数民族史》,民族出版社 2003 年版,第 631 页。
③ [美]费正清:《剑桥中国晚清史(1800—1911 年)》(上卷),中国社会科学院历史研究所编译室译,中国社会科学出版社 1985 年版,第 101 页。
④ [俄]科兹洛夫:《死城之旅》,陈贵星译,新疆人民出版社 2001 年版,第 182 页。
⑤ [俄]科兹洛夫:《死城之旅》,陈贵星译,新疆人民出版社 2001 年版,第 182 页。

子。此外，精细刺绣的靴子和腰带是土族新娘嫁妆中最重要的部分。这不仅是她们身份的象征，也是展示自身刺绣技艺的绝佳机会。①

部分土族人以畜牧为生，养殖羊、牛、马、骡子、驴和猪等牲畜，"如果有足够的草场，他们就拥有尽可能多的牛羊"②。另一些土族人兼营农业，利用人工灌渠灌溉，施以牲畜粪便、灰渣等肥料。粮食作物以大麦、小麦和荞麦为主。③ 在饮食方面，土族人向来节俭，仅在节庆、婚丧嫁娶、孩子诞生或贵客造访时才享用肉类，但不食马、骡或驴肉；酥油和炸面团对他们而言也是难得的奢侈品，日常生活中更多以馍馍为食。④

土族人或住毡帐，或居房屋，前者为游牧之选，后者是部分土族人定居后，依汉族样式修葺的房屋。这些房屋多由泥砖建成，单门独户，四周筑起高墙，有的村落房屋紧密相连。⑤ 聚居形式与土族社会长期实行的土司封建领主制度有关：在最初的游牧时期，土族以千百户制为单位，便于统一指挥和管理；随着族群逐渐择地而居，形成了以村庄为单位的组织形式，村长直接管理村落各项事务。在土族社会中，财富为集体共有。即使分割父辈遗产，各自成家，儿孙也会在祖屋附近修建新居。这使得土族社会的贫富差距较小，贵族或平民在居所、饮食和生活方式上所差无几，邻里相互帮衬，社会稳定和谐。⑥

土族人格外重视祭祖和延续香火，即使贫困如洗，也要为儿孙娶妻

---

① ［比］施拉姆（Louis Schram）：《甘青边界蒙古尔人的起源、历史及社会组织》，李美玲译，青海人民出版社2007年版，第188—192页。
② ［比］施拉姆（Louis Schram）：《甘青边界蒙古尔人的起源、历史及社会组织》，李美玲译，青海人民出版社2007年版，第178页。
③ ［俄］科兹洛夫：《死城之旅》，陈贵星译，新疆人民出版社2001年版，第181—182页。
④ ［比］施拉姆（Louis Schram）：《甘青边界蒙古尔人的起源、历史及社会组织》，李美玲译，青海人民出版社2007年版，第186—187页。
⑤ ［俄］科兹洛夫：《死城之旅》，陈贵星译，新疆人民出版社2001年版，第182页。
⑥ ［比］施拉姆（Louis Schram）：《甘青边界蒙古尔人的起源、历史及社会组织》，李美玲译，青海人民出版社2007年版，第107—108页。

积攒足够银两；兄弟之间分割遗产时，也会留足娶亲费用。土族的贵族恪守外婚制，不与亲兄弟的子女缔结婚姻，但可以与姐妹的女儿结为连理，不过婚嫁双方须是同辈。①

二　裕固族

作为甘肃特有的少数民族之一，裕固族人自称"尧乎尔"（图2-3），元、明时期，他们被称为"撒里畏兀"或"撒里畏兀儿"。②

裕固族人主要聚居在额金河③左岸的山谷至甘州府南部的康隆寺一带。清末回民起义的动荡使得裕固族人口骤减，仅存800户人口分散在七个部落之中，其中五个部落自称西喇尧乎尔，归甘州府辖管，余下称喀拉尧乎尔，隶属肃州。④

据裕固族首领和喇嘛们所言，他们原本居住在长城外，但因衙门失火，其确切住址、统治者和祖先的名字都被销毁，因此裕固族的真正来源成为了一个难以解开的谜团。⑤

芬兰军事家、探险家马达汉曾对裕固族进行了人种学研究，认为裕固族人身高中等，体格不似卡尔梅克人⑥般粗犷；鼻梁挺直；眼距适中；眼睛多为黑色或深褐色；极少数人颧骨突出；嘴唇不厚；牙齿整齐；体毛不盛……⑦

---

① ［比］施拉姆（Louis Schram）：《甘青边界蒙古尔人的起源、历史及社会组织》，李美玲译，青海人民出版社2007年版，第119、131—132页。

② 甘肃省民族事务委员会：《甘肃少数民族地方》，甘肃民族出版社1993年版，第27页。

③ 蒙古国北部库苏古尔省和布尔干省内的一条河流。——作者注

④ ［俄］G. N. 波塔宁：《南山中的尧乎尔人》，范丽君译，载钟进文《国外裕固族研究文集》，中央民族大学出版社2008年版，第50页。

⑤ ［芬］马达汉：《马达汉西域考察日记（1906—1908）》，王家骥译，中国民族摄影艺术出版社2004年版，第394页。

⑥ 卫拉特人后裔，属蒙古人种西亚类型。——作者注

⑦ ［芬］马达汉：《马达汉西域考察日记（1906—1908）》，王家骥译，中国民族摄影艺术出版社2004年版，第398—399页。

第二章　民风民俗

图 2-3　两名尧乎尔人，马达汉 1907 年摄①

在服装上，裕固族男女十分相似，外衣皆为长衫或毛皮衣，腰间系有土布制成的腰带；下身裹粗棉布裤子，上半部宽松，下半部裹腿布紧紧缠绕；脚踩用汉族编织技艺织成的粗羊毛袜子和长筒皮靴，②不仅保暖还适应了复杂地形条件下的行走需求。

但男女配饰有所不同：男子常戴蒙古毡帽或皮帽；女子喜歪戴宽沿窄顶帽，头发分成三发辫，其中一条置于脑后，用骨质圆簪固定，余下饰于胸前，缠绕多个系有搪瓷或玉石的银套环，辫梢再系以饰有铜环和雕纹饰针的宽带子。③ 从马达汉拍摄的裕固族男子（图 2-4）和撒里裕

---

① ［芬］马达汉：《马达汉西域考察日记（1906—1908）》，王家骥译，中国民族摄影艺术出版社 2004 年版，第 397 页。

② ［芬］C. G. 曼内海姆：《在撒里尧乎尔人中间》，钟进文译，载钟进文《国外裕固族研究文集》，中央民族大学出版社 2008 年版，第 61 页。

③ ［芬］马达汉：《马达汉西域考察日记（1906—1908）》，王家骥译，中国民族摄影艺术出版社 2004 年版，第 396—397 页。

固族母女（图2-5）的照片中，可以清晰地发现裕固族男女在服装上的相似性以及饰物上的差异性。

图2-4　裕固族男子，马达汉1907年摄①

生活在多民族聚居区的裕固族，语言深受周边民族影响。其根据居住地的不同，他们使用三种语言。在肃南裕固族自治县西部，裕固族人使用属于阿尔泰语系突厥语族的尧乎尔语；东部族人操持属阿尔泰语系蒙古语族的恩格尔语；在肃南双海地区以及酒泉县黄泥堡，裕固族人流利使用汉语。马达汉对此表示赞叹，他认为裕固族人拥有非凡的语言天赋和出色的洞察力，在交流时，他们能够灵活地运用复杂的词汇和表达方式，准确传达思想。这不仅体现了他们适应不同文化环境的能力，也突显了他们在语言学习和使用上的高超技巧。②

---

① 王家骥：《马达汉》，中国民族摄影艺术出版社2002年版，第200页。
② ［芬］C. G. 曼内海姆：《在西喇尧熬尔人中间》，安惠娟译，载钟进文《国外裕固族研究文集》，中央民族大学出版社2008年版，第80页。

图 2-5 撒里裕固族母女，马达汉 1907 年摄①

　　裕固族的帐篷构造虽然简陋，但能够充分满足他们的生活需求。帐篷主要使用粗帆布作为材料，外部借绳索固定于篱笆之上，增强稳定性。帐篷的地面铺设细长的圆木墩，利用牛粪填塞木墩之间的缝隙，既保持内部温度，又阻隔了外部风沙。帐篷内部空间狭小，篷顶设有一个方形开口，作为排烟通道，有助于烟气排出，也为帐篷内部提供了必要的通风。②

　　裕固族人以畜牧为生③，主要饲养牦牛（图 2-6）、羊、马等牲畜，还驯养忠诚的藏獒用以守护家园。④ 在饮食方面，他们与其他游牧民族无异，

---

　　① 王家骥：《马达汉》，中国民族摄影艺术出版社 2002 年版，第 199 页。
　　② ［芬］马达汉：《马达汉西域考察日记（1906—1908）》，王家骥译，中国民族摄影艺术出版社 2004 年版，第 398 页。
　　③ 王家骥：《马达汉》，中国民族摄影艺术出版社 2002 年版，第 198 页。
　　④ ［俄］G. N. 波塔宁：《南山中的尧乎尔人》，范丽君译，载钟进文《国外裕固族研究文集》，中央民族大学出版社 2008 年版，第 84 页。

以炒面和米粥为主，辅以加盐的茶水、黄油、牛奶和奶油等。① 每逢盛大节日，裕固族人才宰杀牲口，烹制美味的炖汤和肉，再配以面食。②

图 2-6 西拉尧乎尔牦牛，马达汉 1907 年摄③

裕固族的婚姻事宜通常由父母负责操持和决策，显示出其传统文化中家庭主导的特征。裕固族的婚礼习俗在嫁妆准备、迎亲过程和拜见双方父母等环节上，与汉族相似，体现了不同民族间的文化交融。至于丧葬习俗，裕固族在逝者离世后，会邀请喇嘛诵经超度以期为逝者的灵魂带来安宁。随后，逝者的尸体被平放，头部朝南，将其裸身焚烧后用土覆盖，后用土覆盖。若逝者是未成年人，则采用土葬方式，其墓地上置有标记，以便后人纪念。④

---

① ［芬］C.G. 曼内海姆：《在西喇尧熬尔人中间》，安惠娟译，载钟进文《国外裕固族研究文集》，中央民族大学出版社 2008 年版，第 82 页。

② ［芬］马达汉：《马达汉西域考察日记（1906—1908）》，王家骥译，中国民族摄影艺术出版社 2004 年版，第 397 页。

③ ［芬］马达汉：《马达汉西域考察日记（1906—1908）》，王家骥译，中国民族摄影艺术出版社 2004 年版，第 398 页。

④ ［芬］C.G. 曼内海姆：《在撒里尧乎尔人中间》，钟进文译，载钟进文《国外裕固族研究文集》，中央民族大学出版社 2008 年版，第 63 页。

三 回族

作为甘肃人口较多的少数民族之一,回族的先民可追溯到13世纪成吉思汗征服中亚时,他雇佣了一批信仰伊斯兰教的色目人。他们后来通过通婚、联姻等方式,逐渐汉化,至明朝时形成了以伊斯兰教信仰为核心的共同体。① 至清初,回族人集中分布在陕西、甘肃河西与河州地区,但自陕甘回民起义,清廷为加强对西北地区的控制,对回族实行了一系列强制性人口编管政策,导致西北回族人口的动荡与迁移。② 至1916年,回族民众(图2-7)主要生活在"黄河之滨的河州与循化",以及

图2-7 回族民众,莫理循1910年摄③

---

① 甘肃省民族事务委员会:《甘肃少数民族地方》,甘肃民族出版社1993年版,第23页。
② 闫丽娟:《中国西北少数民族通史(民国卷)》,民族出版社2009年版,第4页。
③ [澳]莫理循:《1910,莫理循中国西北行》(上册),窦坤、海伦编译,福建教育出版社2008年版,第34页。

"自平凉经固原、海城至金积（宁灵）、宁夏的广大区域"①。

回族内部不同的教派和阶层在遵守教义时存在细微差异，老教和新教之间常围绕宗教事务展开争辩，但他们都尊奉《古兰经》等宗教原典，并恪守一系列共同的约束，如禁食猪肉、禁止饮酒、禁止吸食鸦片……②

在日常生活中，回族须履行念、礼、斋、课、朝五功，即念清真言、礼拜、斋戒、天课（慈善事业）和朝觐。以礼拜为例，"一天五次，从日出开始，男人必须面向麦加伏倒在地，诵念该当那个时刻的经文"。③ 穆斯林恪守基本的生活准则，讲究个人卫生，保持房屋整洁，饮食十分干净，这些生活习惯给台克满留下了深刻印象。④ 盖群英还提到，在回族的家庭生活中，男、女地位悬殊，前者处于绝对主导地位，对妻子儿女要求甚繁；后者一律身着黑色衣裙，仅逢节庆时才能穿颜色鲜艳的服饰。⑤

四 藏族

民国时期，甘肃藏族人主要聚居在狄道县、夏河县、临潭县、岷县、武都县和西固城等地⑥。藏族民众自称为"蕃"（bod）⑦，汉人则称安多藏民为"西蕃"⑧。

---

① ［英］台克满（Eric Teichman）：《领事官在中国西北的旅行》，史红帅译，上海科学技术文献出版社2013年版，第96页。
② ［英］台克满（Eric Teichman）：《领事官在中国西北的旅行》，史红帅译，上海科学技术文献出版社2013年版，第133页。
③ ［法］蜜德蕊·凯伯、法兰西丝卡·法兰屈：《戈壁沙漠》，黄梅峰、麦慧芬译，中国青年出版社2002年版，第197页。
④ ［英］台克满（Eric Teichman）：《领事官在中国西北的旅行》，史红帅译，上海科学技术文献出版社2013年版，第133页。
⑤ ［法］蜜德蕊·凯伯、法兰西丝卡·法兰屈：《戈壁沙漠》，黄梅峰、麦慧芬译，中国青年出版社2002年版，第197—198页。
⑥ 闫丽娟：《中国西北少数民族通史（民国卷）》，民族出版社2009年版，第9页。
⑦ 甘肃省地方史志编纂委员会、甘肃省志民族志编纂委员会：《甘肃省志第七十卷民族志》，甘肃人民出版社2003年版，第209页。
⑧ ［英］台克满（Eric Teichman）：《领事官在中国西北的旅行》，史红帅译，上海科学技术文献出版社2013年版，第122页。

甘肃藏民好战、蔑视权威，举止敏捷、性情活泼，"他们那顽皮淘气的嬉笑、喧闹的歌声和笑声不停赋予了他们的驻牧地区一种生气，驱散了凄凉的气氛"。①

在生产方面，藏民热爱放牧（图2-8），多畜养绵羊、山羊、黄牛、马匹和牦牛等。

牦牛身材矮壮，但没有普通牛那样肥胖，其毛长纤细并且闪闪发光，它腹下的毛一直垂到地面。其牛蹄瘦小细弱，像山羊蹄子一样呈钩状。所以，它很喜欢爬山并能悬在峭壁之上。当它嬉戏玩耍时，便翘起并摇动其尾巴，尾巴的最尖端是一绺呈羽冠状的很茂密的毛。②

图2-8 拉卜楞寺附近草原上的藏族牧民，台克满1916年摄③

---

① [法]古伯察：《鞑靼西藏旅行记》（第二版），耿昇译，中国藏学出版社2012年版，第368页。

② [法]古伯察：《鞑靼西藏旅行记》（第二版），耿昇译，中国藏学出版社2012年版，第367页。

③ Eric Teichman, *Travels of A Consular Officer in North-West China*, Cambridge: Cambridge University Press, 1921, p. 138.

藏民居住的帐篷通常采用黑色毛线制造，形状为六边形，其结构既独特又实用。帐篷的底部通过钉子固定于地面，顶部使用缆绳悬挂，内部不设木柱或木架支撑，这样的设计简洁且便于搭建与拆卸。尽管营地周围会建起4到5法尺高的围墙，这些围墙主要起到分隔空间的作用，但它们并不足以提供有效的防风保暖功能。① 帐篷内部一分为二，右属男性，左属女性，中间置有灶炉，以毡子和熟羊皮代替床铺。② 畜牧之余，藏民还利用牛毛和羊毛谋取经济利益，他们从事手工业活动，如纺织粗毛布，这些毛布不仅用于制作帐篷，也用于制作服装。③

普通藏民的服装简朴，冬夏两季身着羊皮长袍，脚蹬长筒皮靴。④ 部分山区藏民穿灰呢长袍，但不穿衬衫和长裤，头戴宽檐毡帽，以保护头部免受日晒和寒冷的侵袭。相形之下，富裕的藏民（图2-9）所穿长袍由蓝色布料缝制而成，注重外表者还会以雪豹皮为衣服镶边。⑤

藏族男女老少皆钟爱饰品，他们擅于使用银饰、宝石等精美之物装点自己的服饰、刀具甚至头发。例如，携带藏刀和匕首的握柄与刀鞘常嵌有银饰、绿松石或珊瑚⑥；火镰、小刀、荷包和烟袋等物品也是藏族男性不可或缺的饰品；女子留长发，两侧各编15至20条辫子，好打扮者还将珠串、丝带及其他饰物巧妙地编入发辫中。部分地区的

---

① ［法］古伯察：《鞑靼西藏旅行记》（第二版），耿昇译，中国藏学出版社2012年版，第366页。

② ［俄］科兹洛夫：《死城之旅》，陈贵星译，新疆人民出版社2001年版，第261页。

③ ［法］古伯察：《鞑靼西藏旅行记》（第二版），耿昇译，中国藏学出版社2012年版，第368页。

④ ［英］台克满（Eric Teichman）：《领事官在中国西北的旅行》，史红帅译，上海科学技术文献出版社2013年版，第122页。

⑤ ［俄］普尔热瓦尔斯基：《荒原的召唤》，王嘎、张友华译，新疆人民出版社2000年版，第249—250页。

⑥ ［英］台克满（Eric Teichman）：《领事官在中国西北的旅行》，史红帅译，上海科学技术文献出版社2013年版，第122页。

藏族女子还会在脸上涂抹胭脂,夏季时甚至用草莓代替胭脂,以增姿色。①

图 2-9　富裕的藏族人,普尔热瓦尔斯基 1872 年摄②

牧区藏民的主食是肉类与奶制品,农区以面食为主。但所有藏民都喜食糌粑和酥油茶,富裕人家还会在糌粑中添加奶油或干奶渣③,使得

---

① [俄]普尔热瓦尔斯基:《荒原的召唤》,王嘎、张友华译,新疆人民出版社 2000 年版,第 248 页。

② [俄]普尔热瓦尔斯基:《荒原的召唤》,王嘎、张友华译,新疆人民出版社 2000 年版,第 249 页。

③ [俄]普尔热瓦尔斯基:《荒原的召唤》,王嘎、张友华译,新疆人民出版社 2000 年版,第 254 页。

口感更加丰富美味。福格森曾记录糌粑的制作过程和食用方法：

> 糌粑是一种由青稞麦炒熟后磨成的面粉。藏民用茶和酥油混合搅拌，捏成一个个小团，直至达到恰到好处的粘度，既不松散也不粘手。就餐时，他们从木碗（一种既当盘子又当杯子和碟子的器皿）中取出这些小团，握在手中，向木碗里倒满茶，每咬一口面团，就伴随着一口酥油茶。①

由于藏区不宜种植茶叶，藏民多从汉人处采办，煮制酥油茶的方法如下：

> 首先，将牛奶和水倒入铜壶中，待煮沸后，将产自汉口的砖茶捣碎成小块放入铜壶。铜壶始终不离炉火，保证茶水能够日夜不断地供人饮用。当茶水倒入木碗后，还需放入一块半个鸡蛋大小的奶油……藏民认为，为了让奶油凝聚成团，还须加入些许牦牛毛，这种做法也会提升奶油的香醇口感。②

---

① W. N. Fergusson. *Adventure Sport and Travel on the Tibetan Steppes*, New York: Charles Scribner's Sons, 1911, pp. 10 – 11.
② W. N. Fergusson. *Adventure Sport and Travel on the Tibetan Steppes*, New York: Charles Scribner's Sons, 1911, p. 11.

第三章 经济形象

清末民初,地处边陲的甘肃为稳定社会秩序,推动经济发展,采取了一系列积极有力的政策和措施,农、工、商各业取得稳步进展。

第一节 农业

东亚同文会在光绪三十四年(1908年)对甘肃各地的耕地面积作过较为详细的统计测算(表3-1):

表3-1　　　　　　　光绪三十四年甘肃各地耕地面积①

兰州府			
皋兰县	521663.18 亩②	金县	369388.62 亩
狄道州	780316.00 亩	狄道州沙泥分州	63126.03 亩
渭源县	344816.35 亩	靖远县	183697.35 亩
河州	29382.35 亩		
平凉府			
华亭县	221809.90 亩	静宁州	440578.35 亩
隆德县	58863.33 亩	隆德县庄浪分县	52482.32 亩

---

① 東亜同文会:『中国省別全志——甘粛巻(附新疆省)』,東亜同文会,1918,第485—489頁。

② 1 亩 = 1 公亩(100m^2)。——作者注

续表

巩昌府			
陇西县陇西分县	81570.00 亩	陇西县	34239.33 亩
安定县	87265.68 亩	会宁县	48001.20 亩
通渭县	393508.15 亩	宁远县	48283.84 亩
伏羌县	265680.81 亩	西和县	215486.98 亩
岷州	86500.75 亩	洮州	56544.70 亩
庆阳府			
安化县	347403.01 亩	安化董志塬分县	127570.20 亩
合水县	78548.98 亩	环县	70823.40 亩
正宁县	226407.24 亩	宁州	410880.25 亩
宁夏府			
宁夏县	151830.23 亩	宁朔县	161733.28 亩
中卫县	205747.09 亩	花鸟池厅	33364.00 亩
西宁府			
西宁县	343065.40 亩	碾伯县	136388.11 亩
大通县	761698.96 亩	贵德厅	33546.20 亩
丹噶尔厅	22900.00 亩	巴燕戎格厅	15457.00 亩
凉州府			
武威县	1073782.87 亩	镇番县	376773.82 亩
永昌县	296354.90 亩	古浪县	302499.30 亩
平番县	180539.95 亩	庄浪茶马厅	71063.75 亩
甘州府			
张掖县	591461.00 亩	张掖古东分县	135586.09 亩
山丹县	277970.65 亩	抚彝厅	122420.00 亩
固原直隶州			
本州	714981.33 亩	平远县	90260.56 亩
海城打拉池分县	13949.29 亩		

续表

直隶州			
本州	437377.37 亩	崇信县	83039.73 亩
阶州直隶州①			
本州	74634.27 亩	阶州西固分州	21196.36 亩
文县	50410.00 亩	成县	152000.00 亩
秦州直隶州			
本州	753043.81 亩	秦安县	99167.92 亩
清水县	481559.91 亩	徽县	2225000.00 亩
两当县	6520.50 亩		
肃州直隶州			
本州	144464.23 亩	肃州	60654.38 亩
高台毛目分县	21242.00 亩		
安西直隶州			
本州	360581.28 亩	敦煌县	11360.00 亩
化平直隶厅②			
直辖地	63233.56 亩		
合计：16803697.40 亩			

根据上表数据，甘肃各州府虽拥有相当可观的耕地面积，但受到地区气候干燥、降水稀少以及湖沼稀缺的影响，大部分土地属于旱地，这些因素极大地限制了农业发展。特别是在地理位置偏僻、多山的固原州，部分土壤已出现沙漠化现象，农作物种植极为有限，能收获的主要作物

---

① 地处甘肃南部，清世宗雍正七年（1729年），阶州升为直隶州，领文、成二县。民国二年（1913年），阶州直隶州改为武都县。——作者注
② 地处清甘肃东南部。金大定七年（1167年），改安化县为化平县，属平凉府。清同治十年（1871年）划平凉、固原、华亭、隆德四州县地，置化平川直隶厅，属平庆泾固化道。厅治化平，即今宁夏回族自治区泾源县城。1913年废除。——作者注

仅有稗子和大麦。同样，位于山区的泾州与平凉府的主粮产量也远不理想，表现出明显的生产力制约。①

但得益于黄河、疏勒河等河流的灌溉作用，兰州府、宁夏府等地的耕地肥力得到了有效保障。② 在1908年至1909年期间，克拉克一行发现兰州府的农民普遍借鉴四川灌溉技术，在兰州府城黄河边，宽约300码③、深25英尺的河段上，架设巨型水车（图3-1）。水桶挂于水车木轮之上。水流带动木轮转动时，水桶便会自动灌满水，后逐一倒入水槽，

图3-1 兰州府城的黄河水车，莫理循1910年摄④

---

① 東亞同文会：『中国省别全志——甘肃卷（附新疆省）』，東亞同文会，1918，第483頁。
② ［英］C. D. 布鲁斯：《走出西域——沿着马可·波罗的足迹旅行》，周力译，海潮出版社2000年版，第207页。
③ 1码=0.9144米。——作者注
④ ［澳］莫理循：《1910，莫理循中国西北行》（上册），窦坤、海伦编译，福建教育出版社2008年版，第33页。

流入沟渠，灌溉田地。① 这种灌溉方式提高了水的使用效率，使得该地区能够维持较高的农业生产力，有效缓解恶劣的自然条件。

在甘肃地区，农作方式根据地理环境的差异而有所不同，尤其是川水地②与山旱地的耕作方法。在川水地区，由于水源充足，土地无需休耕，农民在秋季收割后进行两至三次翻耕，这样做可以增加土壤的活土层厚度，提高土壤的肥力和作物的产量。相比之下，在山旱地区，农民采取在秋季后立即深翻的方式，从而提高土壤的蓄水保墒能力。③

光绪年间，俄罗斯考察学者罗博罗夫斯基在《天山东部和南山：俄国地理学会1893—1895年考察成果》中提到，甘肃河西走廊农业区普遍采用深耕勤翻、休耕和轮作倒茬的耕作制度。最常见的倒茬方式包括麦豆轮作、小麦高粱轮作、小麦绿肥轮作、高粱马铃薯轮作等，在自然条件较好之地，农民还会增加复种次数，进一步提高土地的产出效益。④

第二节　农作物

针对日照时间长、降雨量少、昼夜温差显著等气候特点，甘肃广泛种植小麦、青稞、谷子、高粱、玉米、豌豆、洋芋等喜阳抗旱的粮食作物；瓜果蔬菜包括西瓜、哈密瓜、黄瓜、萝卜、白菜等等⑤；经济作物主要是棉花，分为两个品种——似木者谓之古贝（木棉），似草者谓之古终（草棉），秋收时，每亩可收获棉花200斤。4斤棉花可产出1斤净

---

① ［美］罗伯特·斯特林·克拉克、阿瑟·德·卡尔·索尔比：《穿越陕甘：1908—1909年克拉克考察队华北行纪》，C. H. 切普梅尔编，史红帅译，上海科学技术文献出版社2010年版，第70页。

② 河谷冲积平原区。兰州、榆中、皋兰、靖远、临洮、永登、成县、徽县等地均属川水地。——作者注

③ 武沐：《甘肃通史·明清卷》，甘肃人民出版社2009年版，第486—487页。

④ 武沐：《甘肃通史·明清卷》，甘肃人民出版社2009年版，第486页。

⑤ 武沐：《甘肃通史·明清卷》，甘肃人民出版社2009年版，第265页。

棉，单亩产量达50至60斤，同时棉籽可用于榨油，剩余的油渣宜作肥料或饲养牛马。①

甘肃的药材是农副产品的重要组成部分。山草类药材包括黄芪、甘草、黄精、玉竹、沙参、远志、锁阳、紫草、独活、羌活、升麻、贝母等等；湿草类药材有麻黄、木贼、冬花、车前等等；蔓草类：茜草、木通、何首乌等等；灌木类药材以枸杞为代表。这些药材多为野生，农夫在闲暇时采摘，为当地经济发展增添了活力。②

东亚同文会还对当归的种植、售卖有所录述：当归喜阴，通常在春三月时播种，待冬季来临，农民将幼苗取出，妥善贮藏在窖中。次年春天再次播种，七、八月间开花，霜降后便是采挖当归的最佳时节。收获后，农民仔细除去须根，经过晾晒除去多余水分。较大的当归称作"独根"，在巩昌府、秦州、阶州一带皆有产出，每亩能收获数百斤，价格非常可观，不低于数十两。③

同时，清末甘肃地区的罂粟种植也相当广泛，尤其是在降雨量较充沛的地区或者有充足水源可以进行农田灌溉之地，如兰州府附近的黄河谷地、宁夏府的黄河谷地、西宁府碾伯县的湟水谷地、平番县以南的平番河谷地、狄道州附近的洮河谷地、巩昌府至秦州的渭河谷地、平凉府、泾州和甘肃东南部的秦岭山脉南坡等。其中，凉州平原的种植面积最为辽阔。④ 然而，随着清廷对种植、贩卖、吸食鸦片行为的处罚日益严厉，加上大力推广棉花种植的政策实施，罂粟的种植面积大幅减少。至1910年，根据英国皇家地理学会会员、驻华外交家、探险家谢立山爵士调查，

---

① 東亜同文会：『中国省別全志——甘粛卷（附新疆省）』，東亜同文会，1918，第499頁。

② 東亜同文会：『中国省別全志——甘粛卷（附新疆省）』，東亜同文会，1918，第501頁。

③ 東亜同文会：『中国省別全志——甘粛卷（附新疆省）』，東亜同文会，1918，第501頁。

④ ［英］台克满（Eric Teichman）：《领事官在中国西北的旅行》，史红帅译，上海科学技术文献出版社2013年版，第204页。

甘肃的鸦片种植量与1907年相比已经减少25%，在遏制鸦片方面取得了显著的成效。①

第三节 畜牧业

据民国初年的《纽约时报》报道：甘肃土地广袤、牧草丰茂，适宜饲养毛绒类牲畜。② 牧区的分布与地形息息相关，如平凉府、固原州一带丘陵多、平地少，山区牧草旺盛，宜放牧；宁夏府一带，土地肥沃，同样适宜发展畜牧业；至于西宁府，土地虽然寒瘠，但湖泊密布，广阔的草原和山地牧场也为畜牧业的发展提供了得天独厚的条件。另外，阿拉善地区，特别是宁夏府至贺兰山西面一带，是享有盛名的牧羊之地。③ 对此，日野强感叹甘肃沿途畜牧业之繁盛，凡有村落必见牧放的羊群，少则数十只，多则数百只。④ 这也使得当地人养成了偏爱肉食的习惯，并擅于利用动物皮毛制作衣物。⑤

甘肃常见的牧羊品种有四类：番羊、蒙羊、绵羊和山羊。番羊生长在青海玉树及甘肃西部一带，长4尺，高约2尺，羊毛较长，羊角适中，体重在30至40斤之间，是出口羊毛的主要品种。蒙羊多见于甘肃北部以及阿拉善一带，体格较番羊小，重20至30斤，羊毛纤细。绵羊在宁夏府、兰州府靖远县、西宁府碾伯县、巩昌府陇西县、庆阳府等地均有分布。这一带的牧民虽然将牧羊视作副业，但他们饲养的绵羊在毛质、肉质均优于

---

① 郑曦原：《共和十年：〈纽约时报〉民初观察记：1911—1921》，蒋书婉、刘知海、李方惠译，当代中国出版社2018年版，第443页。
② 郑曦原：《共和十年：〈纽约时报〉民初观察记：1911—1921》，蒋书婉、刘知海、李方惠译，当代中国出版社2018年版，第374页。
③ 東亜同文会：『中国省别全志——甘肃卷（附新疆省）』，東亜同文会，1918，第547—555页。
④ ［日］日野强：《伊犁纪行》，华立译，黑龙江教育出版社2006年版，第63页。
⑤ 東亜同文会：『中国省别全志——甘肃卷（附新疆省）』，東亜同文会，1918，第547页。

番羊、蒙羊，饲料以谷物为主，辅以油渣。山羊在甘肃被称为"jǔlǘ"①，其毛呈黑色，当地人常用其缝制毡帽和绒毡。②

自乾隆元年（1736年）伊始，清廷在凉州府、肃州、西宁府等地设立马政局，专门负责养殖马匹。据东亚同文会在光绪三十四年（1908年）的统计数据显示，甘州府所产马匹数量可达2280匹，其中有500余匹儿马③、1042匹骡马、488匹骟马④、246匹驹马。⑤当地人购买马匹不仅为了骑乘，还用于挽车以及与驴交配，所生的骡马可以驮载物品和耕地，其挽力、驮载力与耐久力皆优于普通马匹，颇受当地人青睐，养殖数量众多。⑥

第四节　交通运输

受山地、水文、气候和人为等因素影响，甘肃的交通运输发展相对迟缓。至晚清民国时期，官道多已荒废，路面砂石重重，雨季道路泥泞，难以通行，尤其6月至9月，会宁县以西至西巩驿一带的道路阻塞状况尤为严重。另外，六盘山西侧地区地质结构脆弱，易发生坍塌，交通路线时有变动。⑦即便如此，甘肃仍然拥有若干条主要陆路交通线（表3-2）：

---

① 【jǔlǘ】，即"驹驴"。在新疆，特指山羊。这一称谓可追溯至清末民初徐珂编撰的《清稗类钞·动物类》："旧谓野生之羊为山羊，后以家羊酷似野羊，故亦称为山羊也。青海之山羊似绵羊，而毛光润。有【jǔlǘ】，黑多于白，角削身小。皆孳养繁息，乳肉味咸美"。——作者注

② 東亜同文会：『中国省别全志——甘粛卷（附新疆省）』，東亜同文会，1918，第552頁。

③ 与骡马相对的公马，出自《列子·黄帝》。——作者注

④ 指阉割过的马。——作者注

⑤ 東亜同文会：『中国省别全志——甘粛卷（附新疆省）』，東亜同文会，1918，第598頁。

⑥ [日]日野强：《伊犁纪行》，华立译，黑龙江教育出版社2006年版，第63页。

⑦ [日]日野强：《伊犁纪行》，华立译，黑龙江教育出版社2006年版，第62页。

表 3-2　　　　　　　　　甘肃主要陆路交通线①

起点	途径	终点
兰州府	六盘山、平凉府、泾河山谷	陕西邠州②
兰州府	宁夏府中卫县	宁夏府城
宁夏府	蒙古三音诺颜汗部③以南	新疆阿克达或镇西④
兰州府	凉州府或肃州、甘州府、安西州、星星峡⑤	新疆哈密⑥
兰州府	狄道、岷州、阶州、文县等地	四川省龙安府

在客运方面，西人穿梭于甘肃常乘坐宽60英寸，车轮高53或78英寸的两轮马车。其车顶覆有草席，四周悬挂毯子或帘子，部分马车前、后安装木板，其上开有小木门和玻璃窗，内部布置周全：脚下铺设10至12英寸厚的毡垫，外加夹棉的褥垫和软垫。车内还置有木炭火盆、铜制暖手器，以及灯笼、蜡烛和烟筒。在布鲁斯看来，这样的马车稍显笨重，

---

① 東亜同文会：『中国省别全志——甘肃卷（附新疆省）』，東亜同文会，1918，第45页。

② 州名。唐开元十三年（725年）改豳州为邠州。治所在新平（今彬州），辖境相当于今陕西彬州、长武、旬邑、永寿四市县地。——作者注

③ 外蒙古旧部名，即"赛音诺颜部"，亦称喀尔喀中路。在外蒙古中部，东北界唐努乌梁海部，东界土谢图汗部，南界绥远及宁夏阿拉善额济纳二部地，西与北界札萨克图汗部。外蒙古独立后，三音诺颜部故地属蒙古国。——作者注

④ 地处新疆东部、天山东脉北坡的一个山谷盆地之中，气温较低，降水略丰，山谷地沃草茂，山间林木繁盛。据考古发掘，距今六七千年前的新石器时代，这里就有原始的畜牧业和农业等人类活动。巴里坤现在生活着汉、哈萨克、维吾尔、蒙古、回等十多个民族，其中，汉族人口占七成以上。——作者注

⑤ 星星峡并非峡谷，而是隘口之所在。它坐落于河西走廊通往东疆的必经之路，素有新疆东大门"第一咽喉重镇"之称。星星峡雄踞于丝绸古道上，成为一道险关要隘，四面峰峦叠嶂，一条S形的山路蜿蜒其间，两旁危岩峭壁，大有"一夫当关，万夫莫开"之势。它不仅是新疆和甘肃之间的地理界线，同时也是两种不同文化风格的分水岭。——作者注

⑥ 古称伊州，今新疆维吾尔自治区辖地级市，地处新疆东部，是新疆通向内地的要道。——作者注

但坐起来惬意安适。①

货物运输主要依靠驮运。兰州府、平凉府、凉州府、甘州府和肃州等地的商人多依赖骆驼或骡马,将羊毛、米、水烟等货物驮载运送至北部地区,并在归途中采办天津、北京等地的杂货。② 每头骡子承载200至300磅重的货物,跋涉距离超2000英里。③ 与骡子相比,骆驼搬运(图3-2)的货物重量随季节变化而调整,优点在于拥有绝佳耐力,尤其在寒冷的天气中,行进速度更快。

图3-2 骆驼商队,东亚同文会绘④

---

① [英]C. D. 布鲁斯:《走出西域——沿着马可·波罗的足迹旅行》,周力译,海潮出版社2000年版,第208页。

② [日]日野强:《伊犁纪行》,华立译,黑龙江教育出版社2006年版,第85页。

③ [英]台克满(Eric Teichman):《领事官在中国西北的旅行》,史红帅译,上海科学技术文献出版社2013年版,第160页。

④ 東亜同文会:『中国省别全志——甘肃卷(附新疆省)』,東亜同文会,1918,第755頁。

至于车夫，别具一格的服饰令西人印象深刻：他们常身着黑棉布外套、脚套白棉布袜子，裤脚用手织宽带缚于脚踝，缚绳末端打结处缀着漂亮的流苏，腰际箍着黑色带子，头上缠绕白色手巾。在2000英里长的脚程内，作为"戈壁运将"的车夫们需要应对各种极端天气，赶上大风雪天，他们披上羊皮褂，用板车抵挡狂风的侵袭。每日行程后，车夫还须安顿好马匹，方能休息用餐。但也有部分车夫生活态度不羁，甚至借机敲诈雇主，因此常需中间人作保，以确保旅途的平安和顺畅。①

水运方面，黄河上虽有船运业务，但河流大多穿越山区，水流湍急，只可满足短程的交通需求。② 以石嘴子至西包头的黄河水运（图3-3）为例，两地相距达1200里，西岸是阿拉善至鄂尔多斯大漠③。该河段每

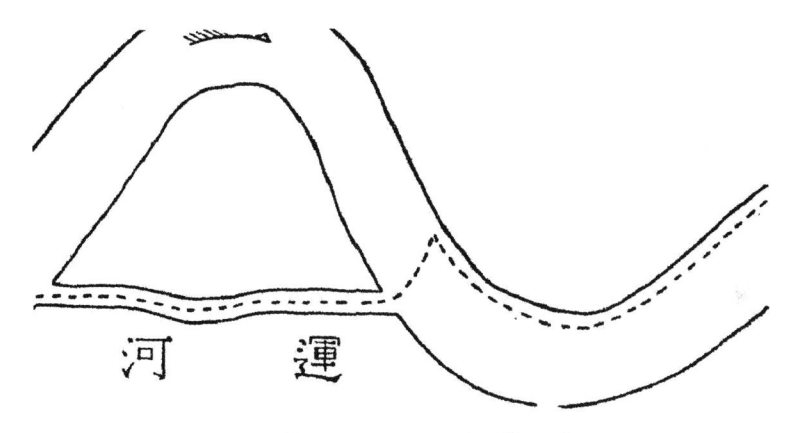

图3-3 石嘴子附近的黄河河道，东亚同文会绘④

---

① ［法］蜜德蕊·凯伯、法兰西丝卡·法兰屈：《戈壁沙漠》，黄梅峰、麦慧芬译，中国青年出版社2002年版，第82—85页。
② 東亜同文会：『中国省別全志——甘粛卷（附新疆省）』，東亜同文会，1918，第44—45页。
③ 近43000平方公里的毛乌素沙漠，是中国有名的八大沙漠之一，在今鄂尔多斯市域内占地35000多平方公里，地理学上也称之为鄂尔多斯沙漠。——作者注
④ 東亜同文会：『中国省別全志——甘粛卷（附新疆省）』，東亜同文会，1918，第577页。

年9月开始水量减退，10月至次年3月河道结冰，故一年之中仅有五个月的时间可供通航。

河道沿岸，柳树密布，但土质疏松，极易崩坏，水路时常变化。河道内沙洲星罗棋布①，船行其中，一天之内受阻2至3次。②

随着科技的引入，甘肃的铁路事业迎来了发展机遇。布鲁斯指出，甘肃的贮煤量丰富，煤质上乘，若能成功修建连通凉州府的铁路，必能利好当地经济。③ 东亚同文会还对彼时清廷积极推进的陇秦豫海铁路工程④寄予厚望：该铁路以江苏省海州为起点，途经徐州、开封、西安府，直至兰州府，其中甘肃段全长538公里。铁路一旦建成，当地的羊毛及矿物等资源可远销外省。⑤

另外，台克满了解到，清政府于1916—1917年规划了两条重要铁路线。其一是经绥德连接陕北和甘肃北部宁夏府的铁路，沿鄂尔多斯沙地南缘的道路延伸。该段铁路的建设工程难度不大，黄河以北尚无类似铁路，一旦建成，将成为连接甘肃北部与沿海地区的重要桥梁；其二，从西安出发，向西北方向延伸，穿越黄土高原，沿泾河与环河谷地上行，经甘肃西北地区的黄土分水岭，终抵宁夏府。⑥

---

① 河湖、海洋等水体中由水流、波浪堆积作用形成的堆积地貌。——作者注
② 東亜同文会：『中国省別全志——甘肃卷（附新疆省）』，東亜同文会，1918，第393页。
③ ［英］C. D. 布鲁斯：《走出西域——沿着马可·波罗的足迹旅行》，周力译，海潮出版社2000年版，第201页。
④ 陇海铁路，简称陇海线，始建于1904年，连接甘肃兰州与江苏连云港。线路呈东西走向，串联中国西北、华中和华东地区，是中国三横五纵干线铁路网的一横。——作者注
⑤ 東亜同文会：『中国省別全志——甘肃卷（附新疆省）』，東亜同文会，1918，第46—47页。
⑥ ［英］台克满（Eric Teichman）：《领事官在中国西北的旅行》，史红帅译，上海科学技术文献出版社2013年版，第200页。

第五节 商业贸易

甘肃西通西域,东为打通中国西北与内地的重要通道。清末民初,晋商、行商等频繁往来于此,一定程度上推动了当地商业和金融业的发展。商货种类主要包括农畜产品和手工艺品。

一 商品

西人笔下的甘肃商货琳琅满目,主要包括烟叶、羊毛、马匹、茶、盐、酱油、丝绸、棉布、皮革、药品等等。

1. 烟叶。兰州府的烟叶交易规模庞大,影响力不仅遍及全国,还扩展到新加坡等海外市场。① 1908 年,马达汉行至兰州府城时,了解到该地每年销售近 30000 担绿烟,每担售价可达 24 至 25 两白银,总值约 100 万两,主要销往陕西、汉口、上海、四川和烟台等地。红烟生产总量近 10000 担,每担售价约 25 至 26 两白银。兰州府城内的消费量约为 1000 担,外销总值 25 万两,其中销往广东 2000 担,四川 6000 担。②

不过,烟叶的加工方式较为原始:

> 压烟叶的惟一"机械"(虽然这个名称很不恰当)是一根巨大粗糙的木梁,长约 30 英尺,直径为 18 英寸到 2 英尺。木梁斜置于一个支撑架上,高的一端是顶端,底部绑着巨大的石块,用来把它下压。在锤端的一头,绑着更多的石块,还系着绳子。这个结构很像东方很多地方从井里吊水那种直立的结构,只不过规模更大罢了。

---

① [英] C. D. 布鲁斯:《走出西域——沿着马可·波罗的足迹旅行》,周力译,海潮出版社 2000 年版,第 217 页。
② [芬] 马达汉:《马达汉西域考察日记(1906—1908)》,王家骥译,中国民族摄影艺术出版社 2004 年版,第 449—450 页。

已经压过的大包烟叶,就放在粗糙的木箱子里,巨大木梁的顶端就落在上面。三四个人吊在木梁这端的绳子上,将木梁一下下地拉起、落下,与打桩的方法很相似。①

烟叶的晒制和挑选工作通常由妇女承担(图3-4),完成晒制后,工人(图3-5)将烟叶压平至椭圆状后进行包装,最终将其运往国内外市场。尽管这一工作过程繁重且要求细致,从事此类劳动的报酬却相对较低。通常情况下,包装烟叶的妇女每月的收入为300文,即使到了冬季,随着劳动强度的增加,她们的月收入也只能增加到400文。②

图3-4 屋顶上晒烟叶的妇女,马达汉1908年摄③

---

① [英]C.D.布鲁斯:《走出西域——沿着马可·波罗的足迹旅行》,周力译,海潮出版社2000年版,第217页。

② [英]C.D.布鲁斯:《走出西域——沿着马可·波罗的足迹旅行》,周力译,海潮出版社2000年版,第217页。

③ [芬]马达汉(C.G.Mannerheim):《1906—1908年马达汉西域考察图片集》,王家骥译,山东画报出版社2000年版,第131页。

图 3-5 秦州的烟草工人，马达汉 1908 年摄①

2. 羊毛。甘肃是大宗羊毛贸易的重要基地，据东亚同文会调研，仅石嘴子及其周边地区，羊毛的产量就可达到 1000 万斤以上。② 产地分为五个主要区域（表 3-3）：

表 3-3　　　　　　　　　以石嘴子为中心的羊毛产地③

主要分区	产地	
第一区	鄂尔多斯地方	
第二区	阿拉善地方	
第三区	花马池地方	花马池
		宁夏府
		平凉府

---

① ［芬］马达汉（C. G. Mannerheim）:《1906—1908 年马达汉西域考察图片集》，王家骥译，山东画报出版社 2000 年版，第 131 页。
② 東亜同文会:『中国省别全志——甘肃卷（附新疆省）』，東亜同文会，1918，第 556 页。
③ 東亜同文会:『中国省别全志——甘肃卷（附新疆省）』，東亜同文会，1918，第 557—558 页。

续表

主要分区	产地	
第四区	兰州府	
第五区	西宁地方	西宁府
		青海
		凉州府
		甘州府

羊毛制品常由称作"歇家"的穆斯林中间商采买后，贩卖至丹噶尔、河州等地的出口公司，再借筏子、船只沿黄河运往下游，或靠驼队穿越沙漠运抵天津，出口美国。①

3. 马匹。西宁府在甘肃省内以及整个西北地区作为马匹交易的主要中心而享有盛名。根据台克满的观察，甘肃马匹虽不及张家口马匹健硕，也不擅长承载重物，但它们在外形上更加俊逸，更易调教，且擅于长途跋涉。这些马匹的时速可达 4 英里，每月可够行进 20 至 30 英里，能够在非常简陋和恶劣的条件下连续工作数周乃至数月。它们能以极为有限的食物，如铡碎的稻草、麦麸和豌豆为食②，展现出极强的适应能力和生存韧性。

4. 茶。茶叶在甘肃是重要的农产品，其利润可观，成为地区经济的关键支柱。历史上，甘肃的茶叶营销策略分为"东柜"和"西柜"。东柜主要由汉商经营，这些商人多来自陕西等地；西柜则以回商为主。这种分工反映了不同族群在当地茶叶市场中的商业活动和文化交融。为了更好地规范茶叶市场并防止走私，陕甘总督左宗棠向朝廷上奏，推行了一系列措施，其中包括用茶票代替传统的茶引。这一举措旨在

---

① ［英］台克满（Eric Teichman）：《领事官在中国西北的旅行》，史红帅译，上海科学技术文献出版社2013年版，第154页。

② ［英］台克满（Eric Teichman）：《领事官在中国西北的旅行》，史红帅译，上海科学技术文献出版社2013年版，第155页。

加强对茶叶交易的监管，确保市场的公正性。① 同时，甘肃的茶叶主要输送至中亚。② 另据东亚同文会调查，在甘肃陬僻之地，尽管一包茶叶的零售价格高达 10 至 20 文，但消费者们仍然趋之若鹜。③

5. 盐。甘肃的食盐买卖受到政府商行的严格管控，下设 4 至 5 家分行，另有一些私人零售店，年销售额可达 3 至 4 万两白银。其中，灰盐每斤售价 0.02 两白银，白盐每斤 0.03 两，"雪"盐（精盐）每斤 0.15 两。大部分食盐从阿拉善进货，余下多从棣州和秦州购进。④ 盐业管理十分严格，各处盐场严禁私售，由专卖局专管，纳税后方能许可售卖，同时运盐所经之路皆由盐商管控。⑤ 在甘肃的销售商中，宁夏府的官盐公司销量最佳：

> 宁夏府于 1906 年允许民间销售食盐，只需缴纳一定官税即可从事销售。由于民营的花马池盐在销量上完全碾压官营的蒙古盐，官营盐的地位稍显尴尬，因此设立了专门销售蒙古盐的官盐公司……⑥

6. 酱油。甘肃民众对酱油的偏爱极大地促进了当地酱园（专门制作或售卖酱油和酱菜等食品的店铺）的发展。东亚同文会调查发现，在平

---

① 東亜同文会：『中国省別全志——甘粛卷（附新疆省）』，東亜同文会，1918，第 503—504 页。
② ［美］费正清：《剑桥中国晚清史（1800—1911 年）》（上卷），中国社会科学院历史研究所编译室译，中国社会科学出版社 1985 年版，第 87 页。
③ 東亜同文会：『中国省別全志——甘粛卷（附新疆省）』，東亜同文会，1918，第 753 页。
④ ［芬］马达汉：《马达汉西域考察日记（1906—1908）》，王家骥译，中国民族摄影艺术出版社 2004 年版，第 450 页。
⑤ 東亜同文会：『中国省別全志——甘粛卷（附新疆省）』，東亜同文会，1918，第 513 页。
⑥ 東亜同文会：『中国省別全志——甘粛卷（附新疆省）』，東亜同文会，1918，第 752 页。

凉府城，尽管只有一家由山西太原府人开设的"庆泰恒"酱园①，但规模相当可观。该酱园拥有超过 1000 个酱缸，每个酱缸能容纳 100 斤原材料，最终能够产出约 42 至 43 斤酱油，年产量高达 10000 斤。

由于大豆和麦子的收获季节不同，"庆泰恒"每年进行三次酿制酱油工作，以保证产品的供应和质量。在定价方面，酱油的批发价格为每斤 100 文，而零售价格稍高，为每斤 120 文。②

宁夏府城的酱油产业同样繁荣，拥有 15 家酱园，其中最大规模的"三兴合"酱园。这家店铺不仅华丽雄伟，而且拥有 14 位山西太原籍店员。酱油年产量达 20000 斤，批发价每斤 50 文，零售价每斤 60 文，酱菜的价格约为每斤 100 文。③ 宁夏府城的其他知名酱园如下（表 3-4）：

表 3-4　　　　　　　　　宁夏府城的知名酱园④

酱园	所有人
福茂魁记	陕西西安府商人
敬茂号	山西太原府商人
义合源记	山西太原府商人

酱园掌柜的薪水依酱油销量而定，年薪较高，通常可达 80 两白银左右。其余店员的薪资同样丰厚，负责跑街售卖的店员的年薪约 28 两，店

---

① 清光绪三年（1877 年），山西李姓、杨姓两家商人将同治元年（1862 年）设在甘肃平凉府濒临倒闭的"庆泰源"商号移至宁安堡南关，新建了"庆泰恒"商号，股金 2000 两白银（李家 1500 两，杨家 500 两）。领东经理是武考河、郭福庆、杨思俭。——作者注

② 東亜同文会：『中国省别全志——甘肃卷（附新疆省）』，東亜同文会，1918，第 752 页。

③ 東亜同文会：『中国省别全志——甘肃卷（附新疆省）』，東亜同文会，1918，第 748—752 页。

④ 東亜同文会：『中国省别全志——甘肃卷（附新疆省）』，東亜同文会，1918，第 751 页。

内伙计的年薪也能达到20两。①

7. **丝绸**。1908年马达汉统计出兰州府城共有30余家商铺经营丝绸，根据经营规模和营业额可分为三类：一类商铺有5至6家，每家年营业额达20000两白银；二类商铺共15家，每家年营业额约为10000两白银；三类商铺则有10家，每家年营业额8000两白银。这些商铺的进货渠道多集中在四川、苏州、杭州、汴梁等地，年购丝绸总值达17万至18万两白银。②

8. **布帛**。平凉府在棉布、棉丝和棉纱贸易中表现出显著的商业活跃度，至少拥有15家以上的店铺从上海、汉口、天津等地购进上述商品。"自立合记"被誉为平凉府第一木棉商铺，由山西省太原府商人经营。总店位于三原县城，河州有一家分店。部分货源来自湖北，大部分原材料在三原县加工成布匹后销往各地。③ 同时，1908年兰州府城的棉布交易也非常可观，7家批发商共购入白布20000匹，总值高达28000万至29000万两白银。④

平凉府木棉铺店员的薪酬如下（表3-5）：

表3-5　　　　　　平凉府木棉铺店员薪酬⑤

年限	职位	人数	薪资
1年	掌柜	每人	80两白银
1年	副掌柜	每人	40两白银
1年	跑街	每人	14至15两白银
1年	伙计	每人	分三级：10、8、5两白银

---

① 東亜同文会：『中国省別全志——甘粛巻（附新疆省）』，東亜同文会，1918，第748頁。

② ［芬］马达汉：《马达汉西域考察日记（1906—1908）》，王家骥译，中国民族摄影艺术出版社2004年版，第450页。

③ 東亜同文会：『中国省別全志——甘粛巻（附新疆省）』，東亜同文会，1918，第747頁。

④ ［芬］马达汉：《马达汉西域考察日记（1906—1908）》，王家骥译，中国民族摄影艺术出版社2004年版，第450页。

⑤ 東亜同文会：『中国省別全志——甘粛巻（附新疆省）』，東亜同文会，1918，第747頁。

9. 皮革。1908 年，兰州府城拥有 50 至 60 家皮革铺。这些店铺的皮张大多从河州和西宁府运进，其中约一半的皮张销往天津和陕西，总资产约 10 至 15 万两白银。兰州府城当地还有 9 家售卖牛皮箱的店铺，以及 20 家皮草店，所售毛皮、袄袍等多从西宁府和宁夏府购入。① 此外，1910 年，苏格兰裔澳大利亚记者莫理循在兰州府城西北角的回民区意外发现了一家可以制作上好皮包、洋鞋及椅垫的皮革厂。②

10. 药材。1908 年，兰州府城共有 60 家药房，总资产约 10 万两白银，每家药材年销售量约 300 担。这些药材大多产自兰州府、西宁府和秦州周边地区，间或从河南订购。③ 1927 年，瑞典探险家赫定在旅行途中偶遇一支规模庞大的驼队。这支驼队自肃州前往归化城运销中草药，货物售价高达每百斤 20 银元④。⑤

11. 毛织品。兰州府城的手工织造毛毯品质一流，深受西人喜爱与追捧。作为左宗棠委派、创办的官办民用工业，兰州府织呢厂（图 3-6）的创办标志着我国机器毛纺织工业的萌芽。厂内引进多台西式机器，聘请多名比利时顾问。⑥

---

① ［芬］马达汉：《马达汉西域考察日记（1906—1908）》，王家骥译，中国民族摄影艺术出版社 2004 年版，第 450 页。

② ［澳］莫理循：《一个澳大利亚人在中国》，窦坤译，福建教育出版社 2007 年版，第 227 页。

③ ［芬］马达汉：《马达汉西域考察日记（1906—1908）》，王家骥译，中国民族摄影艺术出版社 2004 年版，第 450 页。

④ 俗称"大洋""洋钱"或"花边钱"，起源于 15 世纪的欧洲，大约在明万历（1573—1620 年）年间流入中国。民国时期建立银本位货币制度以后，也以银元作为主要流通币。——作者注

⑤ ［瑞典］斯文·赫定：《丝绸之路》，江红、李佩娟译，新疆人民出版社 2013 年版，第 47 页。

⑥ ［英］台克满（Eric Teichman）：《领事官在中国西北的旅行》，史红帅译，上海科学技术文献出版社 2013 年版，第 103—104 页。

图 3-6　兰州府织呢厂，莫理循 1910 年摄①

宁夏府一带的纺织业同样兴盛。从事纺织花毯的商铺超 30 家，但因工艺复杂，产量十分有限，每年只能生产花毯 2000 张，消费者多为高门望族。②

宁夏府的花毯价格如下（表 3-6）：

表 3-6　　　　　　　　宁夏府的花毯价格③

宽度	长度	价格
4 尺宽	6 尺长	12—15 两
3 尺宽	5 尺长	7—10 两
2 尺宽	4 尺长	4—5 两
2 尺宽	2 尺长	2 两左右

---

①　[澳] 莫理循：《一个澳大利亚人在中国》，窦坤译，福建教育出版社 2007 年版，第 226 页。

②　東亜同文会：『中国省别全志——甘粛卷（附新疆省）』，東亜同文会，1918，第 677—679 页。

③　東亜同文会：『中国省别全志——甘粛卷（附新疆省）』，東亜同文会，1918，第 677 页。

除满足宁夏府本地需求外,花毯还销往固原州、蒙古、阿拉善、鄂尔多斯等地。同时,宁夏府也是甘肃绒毛毯生产的佼佼者。这种绒毛毯主要使用山羊毛等原材料,品质虽粗劣,但价格低廉(表3-7),仍然具有较高的市场需求。宁夏府拥有约80家绒毛毡局,这在甘肃省内属数量最多者,而其他如泾州、平凉府、固原州等地仅有5至10家。① 这种集中的生产模式不仅满足了宁夏府及周边地区的需求,还能使其产品销往固原州、蒙古、阿拉善、鄂尔多斯等地。

表 3-7　　　　　　　　宁夏府的绒毛毡价格②

尺寸	颜色	数量	价格
4尺宽、6尺长	红色	1张	1吊200文
	白色	1张	1吊文
2尺宽、4尺长	红色	1张	700文
	白色	1张	500文

12. 其他商铺。1908年,兰州府城有60多家商铺经营各类小商品。大型商铺的资产约10000两白银;中型商铺8000两;小型商铺在5000至6000两之间。这些商铺的货物多来自四川、天津、河南和湖北等地。10余家书店多从上海、陕西购入图书。油粮坊共30家,总资产达180000至190000两白银。铁器铺有12至13家,总资产120000两白银,货物多购自湖北、汉口、西安府和张家口。约60家商贾经营煤炭生意,年消费额达400000至500000两白银。近50家面粉磨坊在城郊经营,年产值600000至700000两白银。30余家商铺经营扫帚、提篮、铁锹等杂

---

① 東亜同文会:『中国省别全志——甘肃卷(附新疆省)』,東亜同文会,1918,第679页。
② 東亜同文会:『中国省别全志——甘肃卷(附新疆省)』,東亜同文会,1918,第684页。

货，总资产20000至30000两白银，货品主要购自秦州。①

在行商、洋行、外商代理等买卖方的推动下，外国商品亦大量输入甘肃。其中近半数来自日本，以蜡烛、肥皂、平纹细棉布、洗脸用具、镜子、文具、玩具等杂货为主。②此外，俄罗斯人以天津为据点，每年借陆路行至包头后，沿黄河进入甘肃，销售名为"洋斜"的棉布。该棉布多用于制衣，颇受甘肃人喜爱，年销售额可达3000至6000两白银。③

二 货币

清末民初，甘肃设立了官钱局④等官办金融机构，同时钱庄和票号等民营机构并存，这些机构都可承担存款、货币兑换与放贷业务。民众也可以到乾源通、天义兴、老裕号等大型杂货铺兑换货币。⑤

图3-7、图3-8是东亚同文会简单模仿绘制的钱票样式。

在甘肃，货币兑换过程时银钱换算比例的频繁变动给交易带来了不少困扰，特别是习惯于稳定货币兑换的西人来讲，这种不一致性和繁琐性尤为显著。

通常，甘肃人将铜钱称为"大钱"或"满钱"，其价值需要通过与白银的换算比例来决定。一两白银的标准值大约为1000文，但这个比例在不同地区有所不同，导致银价在各地区之间的差异显著。一两白银在

---

① ［芬］马达汉：《马达汉西域考察日记（1906—1908）》，王家骥译，中国民族摄影艺术出版社2004年版，第450—451页。
② ［日］日野强：《伊犁纪行》，华立译，黑龙江教育出版社2006年版，第60页。
③ 東亜同文会：『中国省别全志——甘肃卷（附新疆省）』，東亜同文会，1918，第758页。
④ 我国清末至民国年间由官方开办的一种金融机构，其主要宗旨在于发行银钱兑换券，以谋求市场交易之便利。然而，至民国初年，由于官钱局发行银钱兑换券时漫无限制，导致无法兑现的问题日益严重，进而使得官钱局自身难以为继，于是一部分官钱局改组为省立银行，另一部分则趋于淘汰。——作者注
⑤ 東亜同文会：『中国省别全志——甘肃卷（附新疆省）』，東亜同文会，1918，第827页。

图 3-7　甘省官钱局的一吊文钱票，东亚同文会绘①

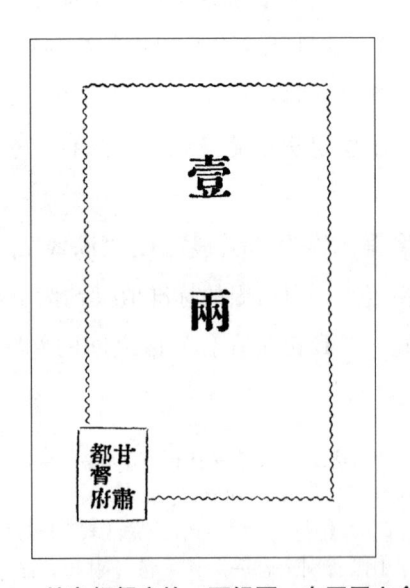

图 3-8　甘肃都督府的一两银票，东亚同文会绘②

---

① 東亜同文会：『中国省別全志——甘粛巻（附新疆省）』，東亜同文会，1918，第 824 頁。

② 東亜同文会：『中国省別全志——甘粛巻（附新疆省）』，東亜同文会，1918，第 825 頁。

平凉府城折合1013文，隆德县1080文，静宁县1140文，会宁县1080文，西巩驿900文，安定县1030文，兰州府城1000文①。此外，"钱票②：一吊钱约合900文；洋钱：一元约合白银0.75两。"③ 铸币重量亦参差不齐。因此，为了算清一笔账，每次都必须等待数个钟头④，由当地换汇者称量银两，防止面值不符。

---

① ［日］日野强：《伊犁纪行》，华立译，黑龙江教育出版社2006年版，第64页。
② 清初以来，产生于民间的一种纸币。——作者注
③ 東亜同文会：『中国省別全志——甘粛卷（附新疆省）』，東亜同文会，1918，第826頁。
④ ［英］C. D. 布鲁斯：《走出西域——沿着马可·波罗的足迹旅行》，周力译，海潮出版社2000年版，第172页。

第四章 历史景观

清末民初,西方探险家曾在西北边境深入调研长城、烽燧、千佛洞(莫高窟)、佛寺、祠庙等历史景观。

第一节 长城与烽燧

一 长城

长城,作为中华民族精神的璀璨瑰宝,西起甘肃,东至辽宁,南濒陕西,北抵内蒙古,蜿蜒万里,沿线烽燧关隘星罗棋布,历代建筑、修缮不辍。西人考察了长城遗址的具体位置、所采用的建筑材料和周边的地形地貌,并对这些古代军事防御设施的功用及建设年代做出研判。例如,马达汉对秦长城、汉长城和明长城的修筑史进行了梳理,还对长达2400公里的防御工事在抵御北方游牧民族入侵方面的历史价值有所概述①;盖洛简单介绍了清末叛乱后甘肃境内长城内的凄凉景象②。

在建筑细节方面,斯坦因发现敦煌县西端的长城多以芦柴、碎石、泥土为材料。③ 在湖滩、沼泽区域,以芦苇为框,内填砂砾,再铺以层

---

① [芬]马达汉:《百年前走进中国西部的芬兰探险家自述:马达汉新疆考察纪行》,马大正、王家骥、许建英译,新疆人民出版社2009年版,第124页。
② [美]威廉·埃德加·盖洛:《中国长城》,沈弘、恽文捷译,山东画报出版社2006年版,第286页。
③ [英]斯坦因:《西域考古记》,向达译,商务印书馆2017年版,第165页。

层芦苇，若在戈壁地区，便采用红柳枝束为框，筑法与前者相同。此外，不同朝代的筑法迥别。秦长城多用板筑技术，汉长城由芦苇与沙砾石堆叠而成，明长城以粉土夯筑。① 就坚固性而论，汉长城的技法充分利用了"芦柴束连合的弹力和黏着性"，能够有效抵御当地的风沙侵蚀。② 值得一提的是，从疏勒河附近至喀喇淖尔的汉长城巧借当地沼泽、湖泊等天然屏障作为防御线的补充，节省了人力和物力。对此，斯坦因不禁感叹这一明智之举："在穷荒绝漠之中，要维持相当的人力建造长城，而给养同运输又是那样的困难，这种收获之大，便不言而喻了"。③

二 烽燧

边境军事防御体系不仅包括长城，还囊括各级设施，如边墙、碉楼、瞭望台、墩堡、哨所，等等。

图4-1 烽燧和瞭望台，莫理循1910年摄④

---

① 李最雄、赵海英、韩文峰、王旭东、谌文武：《甘肃境内长城保护研究》，《敦煌研究》2006年第6期，第221页。
② ［英］斯坦因：《西域考古记》，向达译，商务印书馆2017年版，第168页。
③ ［英］斯坦因：《西域考古记》，向达译，商务印书馆2017年版，第178—179页。
④ ［澳］莫理循：《1910，莫理循中国西北行》（上册），窦坤、海伦编译，福建教育出版社2008年版，第26页。

烽燧与长城关系紧密、相辅相成。这一建筑因置于高台之上，故又称烽火台，是古代传递军事信息的迅捷手段，对于维护边防安全与国家稳定起到至关重要的作用。在春秋时期，白天燃烟称烽，夜晚放火谓燧；至唐代，白天燃烟称燧，夜晚放火谓烽。明代时期，除燃烽、放烟外，还增添了鸣炮这一军情传报方式。① 可谓一台烽烟起，全线知警情。

在统编罗布沙漠至敦煌县共计53座烽燧的过程中，斯坦因发掘出汉代简牍700余枚，活页、文书、钱币等文物若干，凭借这些出土文物和史实记载，他确定了古代玉门关遗址的具体位置：

> 仔细研究 T. XIV 要塞所得出的结论，再加上先前所述此地优越的自然环境和地形环境，都让我们相当肯定地认为，玉门关这个楼兰古道上西去人员的必经之地大概就设在这里。它坐落在防卫城墙

图4-2　玉门关，斯坦因1907年摄②

---

① 国家文物局：《世界文化遗产——长城》，2006—03—28，https://www.gov.cn/test/2006-03/28/content_ 238109. htm。

② [英] 奥里尔·斯坦因：《从罗布沙漠到敦煌》，赵燕、谢仲礼、秦立彦译，广西师范大学出版社2000年版，第49页。

和烽燧线后面，西北和东南方无人可穿越的沼泽使它不致受到敌人的直接进攻。把这个位置选作长城最前哨的军事基地真是再好不过。就控制丝绸之路上的交通来讲，这个位置也是极佳的。①

斯坦因还一一绘出了重要烽燧的平面图（如图4-3、图4-4）。

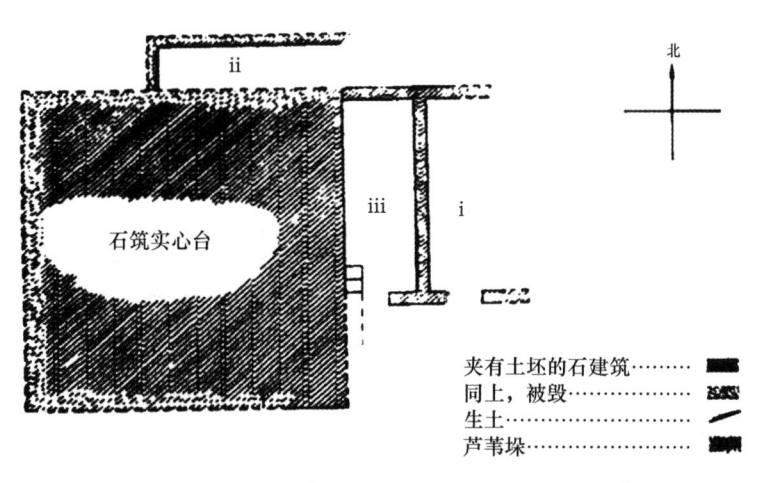

图4-3　T. IV. b 烽燧平面图，斯坦因1914年绘②

经过实地测量，他发现烽燧的形制大体相同，并总结出四个基本特征：首先，烽燧常建在台地或海拔较高处，部分烽燧甚至"高于中间洼地约120英尺到200多英尺，成为可以眺望远处的制高点"③；其次，墙面涂抹了富含碳酸钙的白垩土（垩粉），使得烽燧在风沙漫天的环境中依然有着相当高的辨识度；再次，考虑到防护战线较长，在天然地形不足以防御敌人进攻之地，烽燧的高度会被特别提升到25英尺以上，从

---

① ［英］奥里尔·斯坦因：《从罗布沙漠到敦煌》，赵燕、谢仲礼、秦立彦译，广西师范大学出版社2000年版，第275页。

② ［英］奥里尔·斯坦因：《从罗布沙漠到敦煌》，赵燕、谢仲礼、秦立彦译，广西师范大学出版社2000年版，第162页。

③ ［英］奥里尔·斯坦因：《从罗布沙漠到敦煌》，赵燕、谢仲礼、秦立彦译，广西师范大学出版社2000年版，第174页。

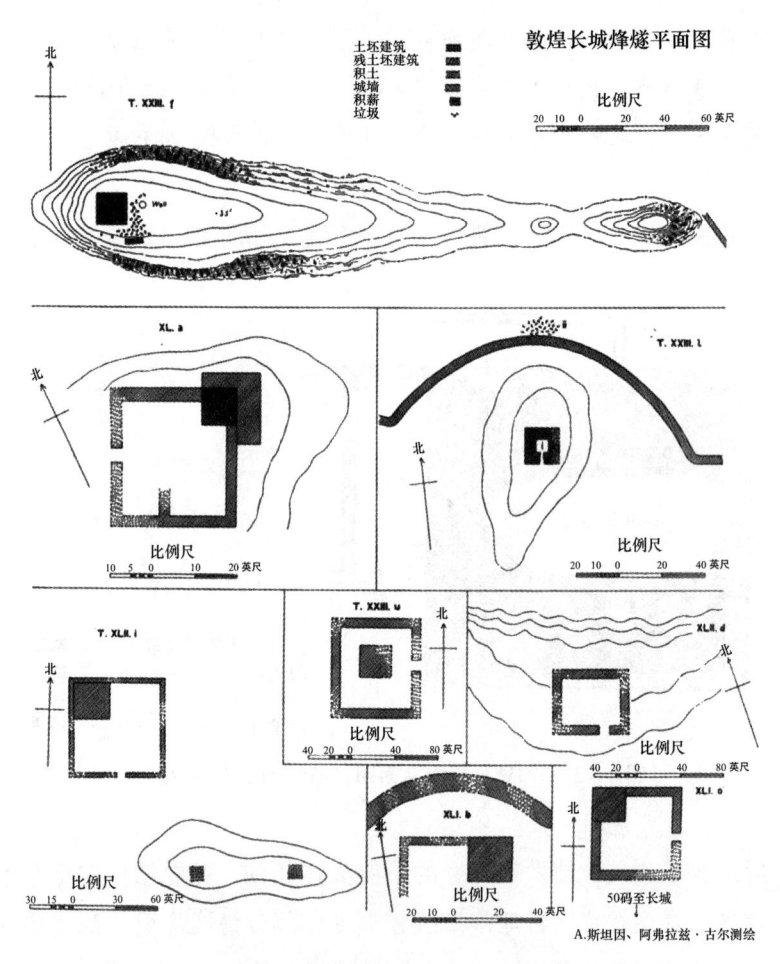

图 4-4 敦煌县长城烽燧平面图,斯坦因 1916 年绘①

而发挥其作为堡垒,抵御外敌的功用②;最后,烽燧的建造手法与汉长城无异,皆在土层之间夹入芦苇和胡杨树枝,层层垒叠而起。③

---

① [英] 奥雷尔·斯坦因:《亚洲腹地考古图记》(第三卷),巫新华、秦立彦、龚国强、艾力江译,广西师范大学出版社 2004 年版,第 14 页。

② [英] 奥里尔·斯坦因:《斯坦因中国探险手记》(第三卷),巫新华、伏霄汉译,春风文艺出版社 2004 年版,第 632 页。

③ [英] 奥里尔·斯坦因:《从罗布沙漠到敦煌》,赵燕、谢仲礼、秦立彦译,广西师范大学出版社 2000 年版,第 161 页。

斯坦因认为，烽燧及其配套的边防设施具有深远意义。一方面，甘肃新疆一线的军事防线与据点无异，军事碉堡和哨所的修筑为后续的军队调遣提供了便利，有效抵御来自北部和西北部匈奴人的入侵。① 另一方面，不同朝代兴修烽燧的目的存在细微不同，如汉代烽燧是武帝开辟河西后所筑，用于阻止外敌犯边，也为了防止越境，保护沿南山北麓地区的安全与稳定。②

第二节　敦煌石窟

大漠之外，除了巍峨耸立、保卫边塞的长城和烽燧，还孕育着一种由砂石和人工智慧共同铸就的独特景致——石窟群落。其中，敦煌石窟（图4-5）尤为闻名遐迩。

图4-5　敦煌洞窟外部视图，编号1—40，伯希和1908年摄③

---

① ［英］奥里尔·斯坦因：《斯坦因中国探险手记》（第三卷），巫新华、伏霄汉译，春风文艺出版社2004年版，第635页。
② ［英］斯坦因：《西域考古记》，向达译，商务印书馆2017年版，第250页。
③ Paul Pelliot, *Les Grottes de Touen-Houang（Tome 1）*, Paris: Librairie Paul Geuthner, 1914, p.5.

敦煌县地处河西走廊西端，是佛教东传的必经之地，自魏晋至十六国时期，佛经在此盛行。据碑文记载，公元366年，僧人乐僔云游至敦煌，于宕泉河畔参禅时，忽有佛缘感应，决定在此地驻足修行。他在宕泉西岸的岩壁上开凿了第一个洞窟①，随后法良禅师、刺史建平公、东阳王等人不断增建，石窟数量逐渐增加②。部分洞窟成为僧人坐禅之所，余下作为信众礼佛之处。至唐代，石窟数量已达千余，被世人誉为"千佛洞"，又名"莫高窟"。其中，第17窟乃唐代高僧洪辩修行之所，又名"藏经洞"。

图4-6　道士王圆箓，斯坦因1907年摄③

一　探险家

匈牙利人塞切尼、普尔热瓦尔斯基团队、法国探险家和外交官保宁分别于1877年至1880年、1879年至1880年、1899年间对千佛洞进行了采集活动。④ 光绪二十六年（1900年），道士王圆箓在清除洞窟内的积沙时，偶然发现藏经洞及洞中藏品，随后吸引了斯坦因、伯希和、橘瑞超、吉川小一郎、奥登堡和华尔纳等人前来寻宝。

---

① 敦煌研究院：《讲解莫高窟》，浙江文艺出版社2006年版，第203页。
② [英]奥雷尔·斯坦因：《发现藏经洞》，姜波、秦立彦译，广西师范大学出版社2000年版，第32页。
③ [英]奥雷尔·斯坦因：《发现藏经洞》，姜波、秦立彦译，广西师范大学出版社2000年版，第40页。
④ 刘永增：《藏经洞的发现与敦煌文物之流失》，《敦煌研究》2000年第2期，第11页。

(一) 斯坦因

斯坦因在1900年至1901年、1906年至1908年、1913年至1916年、1930年至1931年期间，共计组织了四次以新疆、甘肃为重点目标的中亚考察活动，他也成为首位踏足敦煌县的西方探险家。1907年，斯坦因抵达藏经洞，从王道士处骗取经卷（图4-10）、文书24箱，佛画、织绣

图4-7 王圆箓在莫高窟三层楼《西游记》壁画前，斯坦因1907年摄①

---

① 罗华庆：《发现藏经洞》，华东师范大学出版社2010年版，第21页。

图4-8 考察途中的斯坦因，1907年摄①

图4-9 斯坦因肖像照，威克汉姆工作室有限公司1933年摄②

---

① 王家骥：《马达汉》，中国民族摄影艺术出版社2002年版，第191页。
② 伦敦国家肖像馆：《斯坦因爵士》，https://www.npg.org.uk/collections/search/portrait/mw171711/Sir-Marc-Aurel-Stein。

品等5箱；1914年，斯坦因再访敦煌县，复从王道士处购得570余件敦煌写本。两次探险之旅共计获得20000余件藏品。这些文物现被收藏于大英博物馆、英国图书馆、印度事务部图书馆和印度国立博物馆。①

图4-10 藏经洞前的经卷，斯坦因1907年摄②

（二）伯希和

1908年3月，伯希和率探险队至莫高窟，在王道士的许可下，花费近三周时间精心翻检藏经洞内藏品，并首次对洞窟进行编号，记录窟内壁画内容、题记和建筑风格，拍摄多组照片。

深谙中国文化与历史的伯希和，在鉴别汉文文献时，凭借对文献价值的敏锐洞察进行选择，而对于其他语言文字文献，则通过外表进行评判。基于这种方法，藏经洞内的精品几乎被挑选殆尽③，他最终购得文

---

① 敦煌研究院：《讲解莫高窟》，浙江文艺出版社2006年版，第282页。
② [英]奥雷尔·斯坦因：《发现藏经洞》，姜波、秦立彦译，广西师范大学出版社2000年版，第9页。
③ [法]伯希和等：《伯希和西域探险记》，耿昇译，人民出版社2011年版，第51页。

图 4-11　伯希和在藏经洞翻检文物，1908 年摄①

书、佛画、织物、法器 10000 件。如今这些物件藏于法国国家图书馆和吉美博物馆。② 伯希和在这一过程中拍摄的照片亦集合成册出版六卷本《敦煌石窟图录》(Les Grottes de Touen-Houang, 1914—1924)。

伯希和设计的莫高窟编号系统至今仍在西方学界沿用。他还首次大

---

① 王家骥：《马达汉》，中国民族摄影艺术出版社 2002 年版，第 192 页。
② 敦煌研究院：《讲解莫高窟》，浙江文艺出版社 2006 年版，第 282 页。

规模拍摄敦煌壁画,为敦煌写本编撰简目,推进了敦煌学的国际性合作。① 基于所获文物,伯希和对藏经洞的封闭年代做出了推断:

> 第一个需要澄清的问题,便是该密室的大致年代的问题。在此问题上,不可能有任何怀疑。其汉文文书中的最后年号是宋代的最初几个年号:太平兴国(976—983年)和至道(995—997年)年间。此外,在整批藏经中,没有任何一个西夏字。因此,很明显,该龛是于11世纪上半叶封闭的,很可能是发生在1035年左右,在西夏人征服时代。②

但在对千佛洞北端洞窟进行深入调研时,伯氏又意外发现了西夏文材料。这让他否定了最初的判断。③ 事实上,关于藏经洞封闭时间的问题,至今学界仍未有定论,主要有三种不同的观点:一、"避西夏之乱说"——公元1006年,黑韩王朝进攻沙州(敦煌县)或公元1035年西夏入侵沙州时,僧人为躲避战乱,封存经卷④;二、"废弃说"——11世纪初,敦煌地区的寺院将经卷以"神圣废弃物"之名封存⑤;三、"末法存经说"——僧人为挽救佛法而封存佛经,确保后世有佛教经典可读⑥。

(三)吉川小一郎、橘瑞超

1902年8月至1914年5月,日本京都西本愿寺宗主大谷光瑞先后组

---

① 陆庆夫、郭锋、王冀青:《中外著名敦煌学家评传》,甘肃教育出版社1989年版,第217—220页。

② [法]伯希和等:《伯希和西域探险记》,耿昇译,人民出版社2011年版,第239页。

③ [英]奥雷尔·斯坦因:《发现藏经洞》,姜波、秦立彦译,广西师范大学出版社2000年版,第92页。

④ 罗振玉:《敦煌石室书目及发见之原始》,《东方杂志》1909年第6卷第10期,第42—46页。

⑤ 方广锠:《敦煌藏经洞封闭原因之我见》,《中国社会科学》1991年第5期,第213—223页。

⑥ 沙武田:《敦煌藏经洞封闭原因再探》,《中国史研究》2006年第3期,第61—73页。

织了三次中亚新疆探险队。大谷中途放弃,主要发掘、骗购工作由橘瑞超和吉川小一郎完成。1912 年,二人在莫高窟驻足八周,期间拍摄了大量照片,从王道士手中购得古卷文书 400 余件;吉川小一郎还从村民以及其他渠道购入若干文物。与其他探险家不同的是,吉川小一郎是大谷光瑞的门生,橘瑞超是净土真宗本愿寺派的僧侣,二人劫取的文物多聚焦于佛教领域,如佛经、佛像等。

(四) 奥登堡

1914—1915 年间,俄东方学家奥登堡一行在敦煌县的莫高窟考察,六个月内绘制出莫高窟的平面和立面图,拍摄 2000 余张照片,发掘窟中堆积物,获得 10000 余件文献残片和佛教美术品,随后从当地民众手中购得 200 余件较为完整的写本。这些文物现被妥善保存在俄罗斯圣彼得堡东方学研究所和艾尔米塔什博物馆。①

(五) 华尔纳

1923 年 7 月至 1924 年 4 月,华尔纳率哈佛大学考古团来到敦煌县,用涂有特殊黏着剂的胶布片覆于石窟壁画表面,强行盗剥十余幅精品壁画,还劫取了第 257 窟北魏彩塑、第 328 窟唐代菩萨彩塑各一尊。在华尔纳的自传中,他毫不掩饰地讲述了剥离壁画的全过程:

> 我们试图从最松动的地方入手,将墙皮撬下来,但即使十分小心地采用锯割法或凿沟法,都没有成功……我狠着心,开始把北京的一位化学家给我的用来固定颜料的无色药液涂到墙上。片刻之后,又把经过加热的胶水状的底基涂到壁画上……首先我在一些没有画有内容或破残严重的地方实施这种实验,其结果证明并非完全失败但也并非非常成功。②

---

① 敦煌研究院:《讲解莫高窟》,浙江文艺出版社 2006 年版,第 283 页。
② [美] 兰登·华尔纳:《在中国漫长的古道上》,姜洪源、魏宏举译,新疆人民出版社 2013 年版,第 112—113 页。

这一行径严重破坏了莫高窟唐代 321 窟、329 窟、335 窟壁画,影响极为恶劣。时至 1925 年,华尔纳组织考察队再次前往莫高窟,企图故伎重演,随行的中国学者十分警觉,加之当地百姓的守护,华尔纳的第二次劫宝计划最终落败。①

二 千佛洞

千佛洞位于敦煌县东南 25 公里处,"由山崖向上,可以看见数百座大大小小的石窟,错落有致,犹如蜂房一般分布在深暗色崖壁上"②。橘瑞超对千佛洞的描述强调了其河谷断崖上的蜂巢状布局,石窟的层数从二层至五层不等,展现出丰富的空间层次感。③

千佛洞的各个洞窟根据形制可分为禅窟、中心柱窟、殿堂窟、大像窟和涅槃窟等。这些洞窟一般具有一个长方形的前室作为入口,内部装饰精美,背后是用作佛教仪式的长方形坛座。洞窟的设计允许甬道连接前后室,便于采光和通风,而后室通常被凿成方形佛龛,顶部呈圆状。④

藏经洞中古物众多,诞生时间横跨晋代至宋初,这些古物包括佛教诸神塑像、壁画、经书、典籍、绢画和刺绣等。

(一)塑像

千佛洞的塑像,历经岁月的洗礼,油彩虽已略显晦暗,并有些许剥落,但仍保持原有的艺术规模与极高的艺术价值。橘瑞超认为,千佛洞的佛像既融入了印度风味,也具有中国姿容,"从着色法整体水平上看,

---

① [美]兰登·华尔纳:《在中国漫长的古道上》,姜洪源、魏宏举译,新疆人民出版社 2013 年版,第 386 页。
② [英]奥里尔·斯坦因:《沿着古代中亚的道路:斯坦因哈佛大学讲座》,巫新华译,广西师范大学出版社 2008 年版,第 202 页。
③ [日]橘瑞超:《橘瑞超西行记》,柳洪亮译,新疆人民出版社 2013 年版,第 90 页。
④ [英]奥雷尔·斯坦因:《发现藏经洞》,姜波、秦立彦译,广西师范大学出版社 2000 年版,第 9 页。

其搭配可以说高于现代中国美术几十倍"①。在塑制技艺方面，苏联中亚探险家、地理学家奥勃鲁切夫指出，千佛洞的佛像多采用大理石雕琢或金属筑成，内部以秸秆为支撑，外部用石膏或粘土塑造形状，终以彩绘。②论及艺术价值，石窟内的塑像见证了敦煌地区在中西佛法与艺术文化上的重要地位，"现在保存下来的丰富的古代文物实物足以证明古代希腊式佛教美术艺术所发展出来的雕塑技术，以及经此地传播到远东的中亚佛教都曾经在敦煌一带存在和传播了相当长的时间"③。

窟内的佛像布局严谨，层次分明，与窟室、佛龛（图4-12）、天井等建筑构成有机整体：

图4-12 千佛洞 Ch. III. a 洞窟内带有泥塑的龛，斯坦因1907年摄④

---

① ［日］大谷光瑞等：《丝路探险记》，章莹译，新疆人民出版社1998年版，第251页。

② ［苏联］费·阿·奥勃鲁切夫：《荒漠寻宝》，王沛译，新疆人民出版社2013年版，第184页。

③ ［英］奥里尔·斯坦因：《沿着古代中亚的道路：斯坦因哈佛大学讲座》，巫新华译，广西师范大学出版社2008年版，第205页。

④ ［英］奥雷尔·斯坦因：《发现藏经洞》，姜波、秦立彦译，广西师范大学出版社2000年版，第11页。

坛座之上塑形体巨大的主尊佛像，主尊两侧则对称地塑其他神像，形体相对较小。造像多有残缺，或者已被现代的复制品所取代。主尊佛像的背后往往竖有背屏，头顶有华盖。坛座两侧和后部凿有供信徒们绕行行礼的隧道。较小一些的洞窟，多在壁上凿龛，龛内置塑像，往往以一尊坐佛居中。①

(二) 壁画

窟室的顶部呈圆锥形，其内部是一座座矩形前厅，石窟的墙壁上皆绘制有壁画。② 整体来看，壁画类型丰富多彩，包括佛像画（图4-13）、经变画（图4-14）、说法图（图4-15）、屏风画、山水画、戒律画、供养人像，等等。

图4-13　千佛洞佛像及其信徒和菩萨灰泥画像，斯坦因1907年摄③

---

① [英] 奥雷尔·斯坦因：《发现藏经洞》，姜波、秦立彦译，广西师范大学出版社2000年版，第10页。
② [英] 奥里尔·斯坦因：《沿着古代中亚的道路：斯坦因哈佛大学讲座》，巫新华译，广西师范大学出版社2008年版，第205—206页。
③ [英] 奥雷尔·斯坦因：《斯坦因中国探险手记》（第三卷），巫新华、伏霄汉译，春风文艺出版社2004年版，第752页。

图4-14 普贤菩萨变及文殊菩萨变,斯坦因摄①

---

① [英]马尔克·奥莱尔·斯坦因:《千佛:敦煌石窟寺的古代佛教壁画》,郑涛译,浙江人民美术出版社2019年版,第133页。

第四章 历史景观

图 4-15 释迦牟尼灵鹫山说法图，斯坦因摄①

---

① [英]马尔克·奥莱尔·斯坦因:《千佛:敦煌石窟寺的古代佛教壁画》,郑涛译,浙江人民美术出版社 2019 年版,第 163 页。

壁画内容包罗万象，涵盖佛本生经（图 4 - 16）、佛传出游四门、道教三皇、神灵异兽、日月星宿、风雨雷电等。

图 4 - 16　佛本生经壁画，斯坦因 1907 年摄①

在佛像画中，佛像和菩萨像的花纹装饰常点缀于后室顶部四壁之上，大方格图案或成排绘制、或单独呈现，大方格与佛像座下常绘有供

---

①　［英］奥里尔·斯坦因：《沿着古代中亚的道路：斯坦因哈佛大学讲座》，巫新华译，广西师范大学出版社 2008 年版，第 211 页。

养人像或僧尼像，相关画作常展示西天世界和世俗生活两种题材（图4-17）。

图4-17 千佛洞 Ch. VIII 洞窟主室西壁的蛋彩壁画
（西天画面），斯坦因1907年摄①

（三）经书、典籍

藏经洞内的文献十分丰富，以《妙法莲华经》《维摩诘经》《金光明经》等中古佛经为最，儒家典籍、道教典籍以及西域宗教如摩尼教、景教、拜火教等相关写本次之，部分古代科技资料和地志类文书亦占有一席之地。语言方面，除汉文（图4-18）外，卷帙中还出现和田文（图4-19）、梵文（图4-20）、藏文、回鹘、维吾尔文、粟特文等多种文字。②

---

① [英]奥雷尔·斯坦因：《发现藏经洞》，姜波、秦立彦译，广西师范大学出版社2000年版，第22页。
② 荣新江：《王道士——敦煌藏经洞的发现者》，《敦煌研究》2000年第2期，第24页。

图4-18　汉文写卷，斯坦因1907年摄①

图4-19　和田文婆提写卷，斯坦因1907年摄②

---

①　[英] 奥雷尔·斯坦因：《发现藏经洞》，姜波、秦立彦译，广西师范大学出版社2000年版，第51页。

②　[英] 奥雷尔·斯坦因：《发现藏经洞》，姜波、秦立彦译，广西师范大学出版社2000年版，第65页。

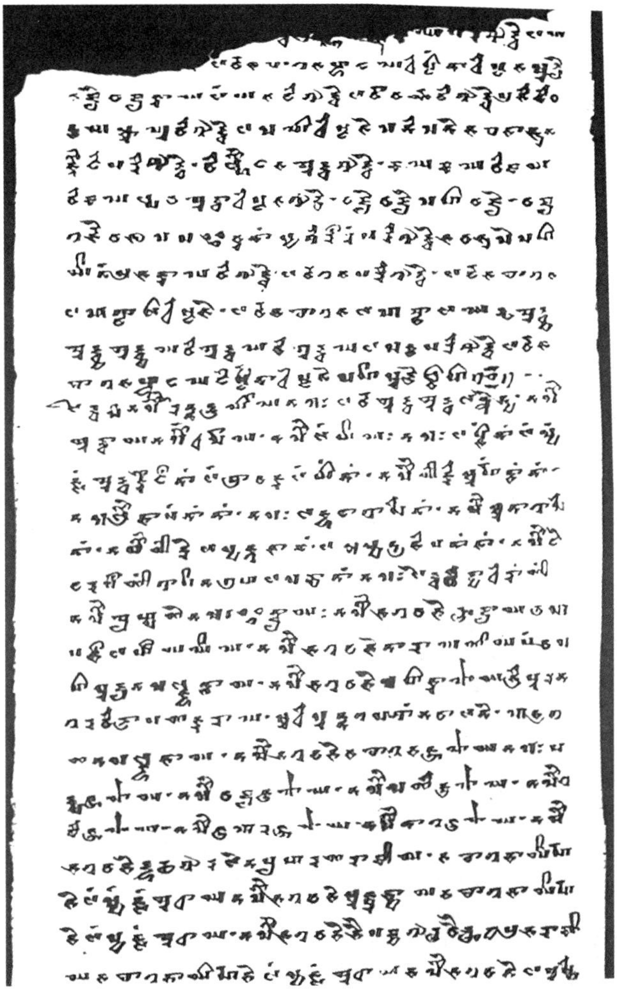

图4-20 梵文写卷，斯坦因1907年摄①

伯希和在搜集过程中，对藏经洞中的碑刻、西域古文写本、石经等格外垂青。他不仅发现大批鸠摩罗什、玄奘和义净的译经，还甄别了斯坦因劫余藏本中关于算学、星相学、勘舆和解梦等领域的手册，民间药

---

① [英]奥雷尔·斯坦因：《发现藏经洞》，姜波、秦立彦译，广西师范大学出版社2000年版，第66页。

典、教学著作以及包括陆法言《切韵》、孙愐《唐韵》等字书中的大部分内容。① 此外，因经折装、梵夹装等书写与装订方式富有西域特色，他将这些卷帙装订本称作"中国贝叶经"。②

(四) 绢画、刺绣

绢画是以优质丝绢或锦缎为材料，运用中国传统绘画技艺与巧妙构思绘制而成的独特艺术品。藏经洞内的绢画主题丰富，如佛教史迹画、供养人画、佛像和菩萨像等。这些绢画色彩鲜活、氛围和谐、衣饰华丽（图4-21）。

图4-21 观音及供养人绢画，斯坦因1907年摄③

---

① [法]伯希和等：《伯希和西域探险记》，耿昇译，人民出版社2011年版，第261—262页。
② [法]伯希和等：《伯希和西域探险记》，耿昇译，人民出版社2011年版，第244页。
③ [英]奥雷尔·斯坦因：《发现藏经洞》，姜波、秦立彦译，广西师范大学出版社2000年版，第104页。

其余色彩繁丽、质地精美的丝织物，同样承载中西艺术交流的深刻印记。以一副古代坐垫表面的丝绸刺绣（图4-22）为例，"它的花饰不禁让人惊叹，不仅因为其颜色鲜艳和谐，而且它与新疆和中国的现代刺绣业的设计有着密切的联系"①。

图4-22 千佛洞藏经洞古代坐垫表面的丝绸刺绣，斯坦因1907年摄②

第三节 名寺古刹

甘肃的西南部和南部地区属安多藏区，藏传佛教根基深厚，宁玛派、萨迦派、格鲁派等教派在此兴建寺院。尽管历史上部分院落遭受兵燹之祸，但大多依然香火鼎盛，经过不断扩建、发展，至清末民初，甘肃南部已成为重要的佛教建筑群所在地。这些寺院既是佛教圣地、佛理学府，也是研究佛教建筑和节庆等文化的珍贵场所。在诸多名寺古刹中，西人

---

① ［英］奥里尔·斯坦因：《斯坦因中国探险手记》（第三卷），巫新华、伏霄汉译，春风文艺出版社2004年版，第737页。
② ［英］奥里尔·斯坦因：《斯坦因中国探险手记》（第三卷），巫新华、伏霄汉译，春风文艺出版社2004年版，第737页。

主要对塔尔寺、拉卜楞寺、东科尔寺、天堂寺、马蹄寺、康隆寺、大佛寺、合作寺、万佛峡石窟寺、玛藏岩寺和却藏寺进行了较为详细的考察和录述。

一 塔尔寺

塔尔寺位于西宁府辖境内,始建于明朝,在清朝兴盛,至乾隆时,寺内僧侣达3600人。作为中国藏传佛教格鲁派(黄教)的六大寺院之一,也是中国西北地区藏传佛教的活动中心,其盛名远及东南亚。塔尔寺设有几所主要学院,据所学专业,分为显宗、密宗、时轮、医明和法舞五大学院以及一所印经院。① 显宗学院重视诵经传统,负责行政事务,调解世俗纷争;医明学院僧人学习医病之术;时轮学院研究算学、天文、历法、文法等重要文献,亦肩负着为逝者诵经和安排葬礼的职责;密宗学院研习集密、胜乐、大威德三金刚及其他金刚护法等密法。② 塔尔寺所有学院僧侣须在艰苦环境、高强度诵经和严格戒律下修习,结业考核时以命题论文的优劣衡量学业成就。喇嘛终生以学生身份自居,因为在他们的心中,宗教学被视作一门永无止境的高深学问。③

西人对塔尔寺的内外景观描述较少,但有幸踏入这片圣地的古伯察在游记里提到,塔尔寺坐落于河谷之中,僧寺庄严肃穆。河谷和山麓上分布着不同形制的喇嘛住所,每一所都被围墙环绕,洁白无瑕。大师的房屋在六角亭上挂有经幡,金脊佛寺随处可见。④

寺内的大金瓦殿里供奉着格鲁派祖师宗喀巴像,从佛像的规模和亭

---

① 孙藏加:《清代藏传佛教研究》,中国社会科学出版社2014年版,第38页。
② [俄]科兹洛夫:《死城之旅》,陈贵星译,新疆人民出版社2001年版,第170—173页。
③ [法]古伯察:《鞑靼西藏旅行记》(第二版),耿昇译,中国藏学出版社2012年版,第342—343页。
④ [法]古伯察:《鞑靼西藏旅行记》(第二版),耿昇译,中国藏学出版社2012年版,第326—327页。

台回廊的形制，可以看出塔尔寺的内部建筑格外壮丽："大殿的中间端放着高约30英尺、身披袈裟的宗喀巴坐像……在宗喀巴坐像的正前方燃着无数盏灯。灯前的地面上立着六只刻有装饰纹样的黄铜器皿，形状类似于喝酒的杯子，里面盛着各类食物"①。

十万佛像树是塔尔寺主要圣物，它与大师宗喀巴有着不解之缘。普尔热瓦尔斯基记录道，这是一棵叶片长满经文的神奇之树。② 伯希和却认为它是一棵生有红叶的丁香树。③ 但据塔尔寺官方寺志载，宗喀巴降生时，脐血沁入土地，"长出一株根茎粗壮、枝繁叶茂的白旃檀树，树上有十万片树叶，每一片树叶上显现一尊狮子吼佛的形象，在树皮上也有自然显现的佛像、六字真言和法器的形象……"④

至于树叶上文字的成因，古伯察推测是人为所致，但藏文"出现的位置并不始终如一。有时发现它们位于叶子顶端或中部，有时又出现在其根部或两侧……如果剥下一块老树皮，那就会在新树皮上发现一些尚未形成的文字"⑤。莱斯顿对这一说法持怀疑态度，为此专程前来求证，主张这些所谓的字形是人为挤压树叶的结果：

> 一层透明的薄皮覆于树干之上，较为松弛的部分会沿着树干滑落下来。而在薄皮和树皮之间流淌着一种粘液。当用力按压这层薄皮时，粘液便会随之自然流动，使得薄皮更加紧贴树皮……这正是

---

① Sven Hedin, *Through Asia (Vol. II)*, London: Methuen & Co., 1898, p. 1189.
② [俄] 尼·米·普尔热瓦尔斯基：《蒙古与唐古特地区：1870—1873年中国高原纪行》，王嘎译，中国工人出版社2019年版，第277页。
③ [法] 伯希和等：《伯希和西域探险记》，耿昇译，人民出版社2011年版，第78页。
④ 却西·洛桑贝丹龙日加措：《塔尔寺志略：遍显明镜》，陈庆英、陈立华、王晓晶译注，青海人民出版社2020年版，第13页。
⑤ [法] 古伯察：《鞑靼西藏旅行记》（第二版），耿昇译，中国藏学出版社2012年版，第341页。

塔尔寺那棵神树能够生出佛文的真正奥秘所在。①

塔尔寺的节日丰富多样，如科兹洛夫提及的"新年"、酥油花节、水节、灯节、帽子节……②节日期间，寺院内彩灯闪烁，法舞蹁跹，歌声悠扬。其中，酥油花节甚是出彩。盛会上展出宗教艺术品——酥油花塑像，但因其使用黄油作为原料，难以长久保存，因此瞻礼时间仅限一天。彼时，四方信众蜂拥而至，场面蔚为壮观。③金乐婷在行记中用整整一章的篇幅，生动、详尽地记叙了这一盛大景象：佛堂、信众、屏风、光束交织在一起，为节日增添了一抹神秘的光辉，酥油灯和蜡像等艺术品的制作技艺精巧绝伦，令人赞叹不已，"即便在我们的家乡展出，只怕是杜莎夫人的蜡像也会自愧不如"④。另据古伯察所记，每年举办节日盛会前，酥油塑像的图样都会预先提供给寺中技艺精湛的僧侣，经过长达三个月的时间，塑像得以制作完成，随后再交由另一批僧侣涂饰：

> 人物造型都生动而充满活力……羊皮、虎皮、狐皮、狼皮和其他各种动物皮都表现得惟妙惟肖，栩栩如生……在所有的浮雕造型中，我们很容易辨认出佛陀来……这些巨大的浅浮雕造型四周由分别代表走兽、飞鸟和花卉的装饰图案环绕……在从一座佛殿通向另一座佛殿的路上，大家每走一段距离，都会遇到一些小型浅浮雕造像。⑤

---

① Jacques Bouly de Lesdain, *From Pekin to Sikkim : Through the Ordos, the Gobi Desert, and Tibet*, London: John Murray, 1908, pp. 147–148.
② ［俄］科兹洛夫：《死城之旅》，陈贵星译，新疆人民出版社2001年版，第178—179页。
③ 尕藏加：《清代藏传佛教研究》，中国社会科学出版社2014年版，第191页。
④ ［英］金乐婷（Mary Geraldine Guinness）：《大西北的呼唤：女传教士西北见闻录》，尚季芳、咸娟娟译，甘肃文化出版社2015年版，第141页。
⑤ ［法］古伯察：《鞑靼西藏旅行记》（第二版），耿昇译，中国藏学出版社2012年版，第329—330页。

这些节庆活动吸引了大量信众，他们成为塔尔寺所受布施的主要对象之一。布施分为两种，一种是向全体喇嘛献茶，茶的浓淡、是否添加酥油和白面糕点皆取决于进香人的慷慨程度。茶毕，僧侣围绕施主念诵愿文、祈福；另一种是银两布施，伴随着献上茶水，僧侣集体祈祷后，由主持宣布布施的银两总数，并计算每位僧侣应得的数目。①

塔尔寺还会举办其他各类庄严肃穆的宗教仪式，如祈福仪式、晚祷仪式。前者于每月25日举行，寺僧上山祈福，将纸马抛出，期冀纸马变成活马，救出沙漠中困顿的旅人；后者旨在驱逐病痛、邪祟，于每夜9至10时举行：

> 塔尔寺的肃穆会突然被刺耳的喇叭声、神圣的海螺声、锣鼓发出的刺耳声和铃铛声打破……房顶上点燃了大大的篝火堆，浓浓的烟团直上云天。祈祷的喇嘛们或坐或站，低垂着脑袋连续不断地念着永垂不朽的六字真言"唵嘛呢叭咪吽"。许多挂在长长竿头上的红色灯笼不时轻轻晃动一下……午夜后，这个夜晚进行的仪式出人意料地被齐声的惨叫声突然中止了……所有的灯笼也都在一瞬间全部熄灭，到处又恢复了原有的寂静和更深的黑暗。②

二 拉卜楞寺

拉卜楞寺（图4-23）地处兰州府夏河县，"南连阿坝，北接临夏，东邻岷县，西通青海"③。

---

① [法]古伯察：《鞑靼西藏旅行记》（第二版），耿昇译，中国藏学出版社2012年版，第344—345页。

② [俄]科兹洛夫：《死城之旅》，陈贵星译，新疆人民出版社2001年版，第180—181页。

③ （清）阿莽班智达：《拉卜楞寺志》，玛钦·诺悟更志、道周译注，甘肃人民出版社1997年版，第1页。

图 4-23　拉卜楞寺，马达汉 1908 年摄①

该寺始建于清康熙四十六年（1707 年），是藏传佛教格鲁派的六大寺院之一，也是西藏以外，藏传佛教格鲁派的又一中心，因此西人多慕名前往。其外观粗犷大方、古朴典雅，屋宇众多，墙壁涂饰白漆，数座红色喇嘛寺（图 4-24）点缀其间，屋顶镀金，尖塔呈圆锥形，装饰华丽；寺庙内的大型佛殿顶部装饰着鎏金法轮、雄狮等饰物，各庙宇依不同功能、等级，涂以红、黄、白等土质颜料，部分殿堂融合、吸收了汉族建筑风格，增盖宫殿屋顶，上覆鎏金铜瓦或绿色琉璃瓦。②

---

① ［芬］马达汉：《马达汉西域考察日记（1906—1908）》，王家骥译，中国民族摄影艺术出版社 2004 年版，第 467 页。

② ［芬］马达汉：《马达汉西域考察日记（1906—1908）》，王家骥译，中国民族摄影艺术出版社 2004 年版，第 474 页。

第四章 历史景观

图4-24 拉卜楞大喇嘛寺砖塔,马达汉1908年摄①

拉卜楞寺在发展过程中逐渐设立一套严密的修习制度,并运用于藏传佛教寺院的人才培养工作。闻思学院将背诵与辩论相结合,完成学业者可依次考取"然卷巴""尕然巴""多仁巴"学位;续部上、下学院的僧人必先广闻经义,通过深入思考和激烈辩论,进而修持,且每年都要通过密宗教义的辩论考试;喜金刚学院需通过音韵和音乐考试;时轮学院分为三个学级,须修毕课程、考核合格后,方可进入下一学级的学习。② 所有完

---

① [芬]马达汉:《马达汉西域考察日记(1906—1908)》,王家骥译,中国民族摄影艺术出版社2004年版,第469页。

② 郎建兰、旺谦:《甘肃藏传佛教寺院》,甘肃民族出版社2013年版,第35—37页。

成学院课程的僧人还需前往拉萨进修数年，以获得高级学位。①

历史悠久的拉卜楞寺内古物众多，如闻思学院经堂存有"迈达里佛的全身塑像"、壁画、藏文寺志和嵌入塑像中的"梵文手稿和一位大师的一篇有关中庸哲学的文章"；医学院经堂供奉药王佛、药师佛、舍利塔、雕像、绘像以及梵文或藏文的书籍与手稿。② 此外，拉卜楞寺内还收藏有各式法器、印鉴、历代大师的私人物品以及帝王赏赐的印鉴、封诰、匾额等民族文物和佛教艺术品：

> 在嘉木样—协巴的私人内室里有一个类似仓库的建筑，那里存放着寺属的所有金银和珠宝，摆放着各种遗宝——从一世到七世达赖的服装和茶杯、中国皇帝的鞭子、喇嘛在庄严的祈祷仪式上拿出来示众的金册，甚至还有在山中发现的被无知的佛教徒和游牧人视为神物的鱼化石。③

拉卜楞寺的节日和法会丰富多样，科兹洛夫记录了五个主要节日：二月初五举办的第一世嘉木样·阿旺宗哲的圆寂纪念日"尼富敦曲聪格曲"（良辰）、4月15日娘乃节（春季斋戒与祷告日）、10月25日燃灯节（宗喀巴圆寂日）、7月7日建寺纪念日以及"莫伦"（大众节日）。④ 其中，"尼富敦曲聪格曲"节到来时，拉卜楞地区人头攒动，游行队伍敲锣打鼓，一片热闹景象：

---

① [俄]科兹洛夫：《死城之旅》，陈贵星译，新疆人民出版社2001年版，第293页。
② [俄]科兹洛夫：《死城之旅》，陈贵星译，新疆人民出版社2001年版，第292页。
③ [俄]彼·库·柯兹洛夫：《蒙古、安多和死城哈喇浩特》，王希隆、丁淑琴译，兰州大学出版社2002年版，第320页。
④ [俄]科兹洛夫：《死城之旅》，陈贵星译，新疆人民出版社2001年版，第294页。

队伍前面的人捧着金色的锦缎，上面放着西藏的经书、珍贵的宝石和寺院引以为自豪的其他圣物。攒动的人头之上有一些彩带和各种各样的旗子在晃动，它们与唐古特人鲜艳的服装和喇嘛们鲜红色的外套交织在一起，构成了一幅热闹异常的景致。他们在绕寺转一整圈后，游行队伍开始返回庙里。各庙四周都飘扬着鲜黄色的旗帜。①

由于拉卜楞寺的占地面积广阔、僧侣众多，吸引了无数商旅和游人纷至沓来，台克满注意到这里的汉人市场已然形成了一个以拉卜楞寺建筑群为中心的小型经济生态圈②，"从寺院到河边之间的那条路，每天早上都挤满了人，有卖东西的，也有买东西的，买卖的日常用品包括食品、佛像和其他拜佛用的必需品"③。

三 东科尔寺

东科尔寺位于距离西宁府湟源县30公里之遥的日月乡寺滩村，又名东科寺、洞阔寺，系藏传佛教格鲁派寺院，下辖天堂寺和马蹄寺等6座属寺。清顺治五年（1648年）原东科尔寺由四世东科尔嘉羊木措主持修造，但雍正元年（1723年），罗卜藏丹津反清，年羹尧平叛时，东科尔寺毁于战火，后于1734年重建。

在佛学教育方面，东科尔寺原设有显宗、时轮经院，沿袭西藏色拉杰巴扎仓的教程，注重密宗修持。寺院位于河谷之中，喇嘛在此筑起堤坝，以流水带动法轮、嘛呢筒旋转。部分东科尔寺僧侣借助这一自然条件形成了独特的修行方式：

---

① ［俄］科兹洛夫：《死城之旅》，陈贵星译，新疆人民出版社2001年版，第296页。

② ［英］台克满（Eric Teichman）：《领事官在中国西北的旅行》，史红帅译，上海科学技术文献出版社2013年版，第128页。

③ ［芬］马达汉：《马达汉西域考察日记（1906—1908）》，王家骥译，中国民族摄影艺术出版社2004年版，第470页。

喇嘛寺背靠的那座遍是巨岩和陡峭的大山，成了五名闭关隐居的出家人的落脚处，他们如同山鹰一样选择了最高和最难到达的地方建造其巢穴。有的人在裸露的山岩中挖凿他们的隐身之处，其他人则栖身于在山上用木头建筑的如同大燕窝一般的僧房中。①

每年9月，得益于当地植被丰茂，塔尔寺医明学院的学生常到东科尔寺所在的河谷采集草药，炼就的丹药颇受蒙古人、藏族人喜爱。②

四 天堂寺

天堂寺位于凉州府天祝藏族自治县，三面靠山，南隔大通河，与互助土族自治县嘉定藏族自治乡毗邻，现为武威境内最大的藏传佛教格鲁派寺院。其前身是唐宪宗时期（806—820年）的苯教寺庙"阳庄寺"，后被毁；元初，藏传佛教萨迦派高僧萨迦班智达等人在原址之上修建萨迦派寺院；至明崇祯年间，互助甘丹寺名僧丹玛·慈智木嘉措对寺院进行扩建，信众称之为朝天堂、乔典堂、天堂寺；顺治四年（1647年），天堂寺成为东科尔寺的属寺。③

普尔热瓦尔斯基在《荒原的召唤》中提到，天堂寺海拔约2195米，邻近大通河谷，"若想涉水蹚过大通河，只有当水位降低时才有可能，而且还很危险，因此，人们在天堂寺上游3.2公里处架了一座桥，桥的两端各有一个窄门"④。

---

① ［法］古伯察：《鞑靼西藏旅行记》（第二版），耿昇译，中国藏学出版社2012年版，第364页。
② 耿昇：《法国遣使会士古伯察的入华之行》，载古伯察《鞑靼西藏旅行记》（第二版），中国藏学出版社2012年版，第17—18页。
③ 郎建兰、旺谦：《甘肃藏传佛教寺院》，甘肃民族出版社2013年版，第227—228页。
④ ［俄］普尔热瓦尔斯基：《荒原的召唤》，王嘎、张友华译，新疆人民出版社2000年版，第220页。

五 马蹄寺

马蹄寺（图4-25）坐落于甘州府境内，分南、北二寺，均属藏传佛教格鲁派寺院。寺庙右侧岩壁上赫然留有格萨尔王的马蹄印，故而得名。①

图4-25 马蹄寺的石窟和寺院，斯坦因1914年摄②

马蹄寺石窟群规模宏大，历史悠久，艺术风格独特，由金塔寺、马蹄南寺、马蹄北寺、千佛洞及上观音洞、中观音洞、下观音洞组成，共

---

① 郎建兰、旺谦：《甘肃藏传佛教寺院》，甘肃民族出版社2013年版，第212页。
② [英]奥雷尔·斯坦因：《亚洲腹地考古图记》（第一卷），巫新华、秦立彦、龚国强、艾力江译，广西师范大学出版社2004年版，第743页。

计 70 余个窟龛①。石窟群分为五层，呈对称分布，随着层级上升，石窟的数量逐渐减少。窟外设厅状小室，窟内有许多泥浮雕塑像（图 4 - 26），部分壁画因年代久远而已有残损，但依然可以窥见当初的艺术风采，服饰富丽的泥塑菩萨亦令人叹为观止，这些都让斯坦因联想到千佛洞中的宋代壁画与唐宋雕塑。②

图 4 - 26　马蹄寺泥浮雕，斯坦因 1914 年摄③

---

① 姚桂兰：《马蹄寺石窟》，读者出版社 2019 年版，第 1 页。
② ［英］奥雷尔·斯坦因：《亚洲腹地考古图记》（第一卷），巫新华、秦立彦、龚国强、艾力江译，广西师范大学出版社 2004 年版，第 740 页。
③ ［英］奥雷尔·斯坦因：《亚洲腹地考古图记》（第三卷），巫新华、秦立彦、龚国强、艾力江译，广西师范大学出版社 2004 年版，第 67 页。

马蹄寺内的石窟雕像以其露出脚踝的自然神态,在中国寺庙中独树一帜,这一特点引起了盖群英的注意,并据此推断马蹄寺的石窟与印度神龛之间有着密切关联。① 从图 4-27 斯坦因拍摄马蹄寺第二层石窟中的泥塑佛像和菩萨像,可以观察到雕像的衣着雕刻和躯体细节。

图 4-27 马蹄寺第二层石窟中的泥塑佛像和菩萨像,斯坦因 1914 年摄②

寺中亦不乏珍贵古物:

> 有一件雕镂着花纹并镶着宝石的马鞍,还有一件龙袍,都是乾隆皇帝(一七一〇至一七九九年)所颁赐……但宝物的价值还比不上一批丝织锦绣袍子,这也是本寺的财宝。这些成套的袍子一套有

---

① [法]蜜德蕊·凯伯、法兰西丝卡·法兰屈:《戈壁沙漠》,黄梅峰、麦慧芬译,中国青年出版社 2002 年版,第 31 页。
② [英]奥雷尔·斯坦因:《亚洲腹地考古图记》(第一卷),巫新华、秦立彦、龚国强、艾力江译,广西师范大学出版社 2004 年版,第 744 页。

十件，分别代表中国历史上不同的时期，皆附有十分有趣的头饰，有些是树漆制品，形状像宝塔，有些是缎子，撑在形状奇特的框子外面，一角垂着穗带作为装饰。此外还有在跳象征四季的舞蹈时所穿的华丽外套，以及跳恶魔之舞时所需的面具和附带物件。①

六 康隆寺

康隆寺位于肃州辖境内，属藏传佛教格鲁派寺院，其历史可追溯至康熙年间（1662—1722 年），由大头目家（部落名）和东八个家所辖区的僧俗民众供奉香火，是裕固族地区最宏大的寺院，也是当地政治、经济中心。②

据马达汉描述，寺院含大庙和小庙各一座、两座大殿和几间小厢房，四壁色彩斑斓，红、棕、灰、白色交织，顶部镀金，屋宇内外，廊柱林立，沿墙壁排列。在装饰画像和屋顶样式上，康隆寺的规模和建筑风格与库热喇嘛寺相似，但康隆寺的铜佛和配套的泥佛数量更胜一筹。走近寺庙大厅，除宗喀巴铜佛外，厅内后壁的两个大型立柜隐藏着上百个用布帘遮挡的小方格，每个小方格内都供奉着一尊佛像，厅内左侧还有一尊铜佛和几尊油漆泥佛，右侧的三尊铜佛皆配有相同数量的小泥佛。③

康隆寺的喇嘛生活习俗独特，不仅可以婚配，平日还可从事农牧生产，凡举行佛事大会，便回院念经。当地人为纪念那些德高望重的过世喇嘛，在他们的墓旁设立旗杆、堆上石块，过路的裕固族人都会下马祈祷；平日里，喇嘛也会为信众做法事、占卜、念经祛病。当信众过世后，

---

① ［法］蜜德蕊·凯伯、法兰西丝卡·法兰屈：《戈壁沙漠》，黄梅峰、麦慧芬译，中国青年出版社 2002 年版，第 32 页。
② 郎建兰、旺谦：《甘肃藏传佛教寺院》，甘肃民族出版社 2013 年版，第 223 页。
③ ［芬］马达汉：《马达汉西域考察日记（1906—1908）》，王家骥译，中国民族摄影艺术出版社 2004 年版，第 390—391 页。

喇嘛可以继承三分之一至一半的遗产。①

七　大佛寺

大佛寺（图 4-28）位于甘州府辖境内，始建于西夏崇宗永安元年（1098 年），这里保存着全国最大的西夏佛教大佛殿、最大的室内木胎泥塑卧佛和最完整的初刻初印本《永乐北藏》，集建筑、雕塑、壁画、雕刻、经籍和文物于一体。②张掖大佛寺颇具规模，寺内供奉的侧卧状释迦牟尼涅槃像身长约 40 步。③

图 4-28　甘州府大佛寺，莫理循 1910 年摄④

---

①　［芬］马达汉：《马达汉西域考察日记（1906—1908）》，王家骥译，中国民族摄影艺术出版社 2004 年版，第 391 页。
②　张掖市人民政府：《张掖大佛寺》，2018—05—10，https://www.zhangye.gov.cn/yzzy/201808/t20180815_48681.html。
③　［瑞典］斯文·赫定：《丝绸之路》，江红、李佩娟译，新疆人民出版社 2013 年版，第 230 页。
④　［澳］莫理循：《1910，莫理循中国西北行》（上册），窦坤、海伦编译，福建教育出版社 2008 年版，第 75 页。

八 合作寺

合作寺（图4-29），又名黑错寺，清代位于巩昌府辖境内，属藏传佛教格鲁派寺院。明万历四十七年（1619年），青海隆务寺玛玛尔活佛·彭措达吉受合作土官的邀请，前来布施资财，修建静修院，合作寺始建于斯。

图4-29 合作寺，台克满1916年摄①

在台克满的眼中，合作寺是一座"规模很大、颇为富足"的寺庙。它位于两条谷地的交汇处，寺庙周围的山坡上被精心耕耘，种植着大麦和豌豆，与藏民的农舍交相辉映，构成一幅宁静和谐的田园画卷。这一带的藏民与川甘边境的藏民在生活习性上十分相似，"区别仅仅在于打箭炉的藏民已经不大携带武器，而甘肃的藏民却全都在腰带上挎着刀，还经常背着带叉的藏式长枪"，此外这些部族既不愿受藏区约

---

① Eric Teichman, *Travels of A Consular Officer in North-West China*, Cambridge: Cambridge University Press, 1921, p. 145.

束,也不喜清廷管辖。①

九 万佛峡石窟寺

万佛峡石窟寺(图4-30),又名榆林窟、榆林寺,坐落于甘州府辖境内,洞窟开凿在榆林河峡谷两岸直立的东西峭壁之上,因河岸榆树成林得名。

图4-30 万佛峡石窟寺,斯坦因1907年摄②

其特点之一在于窟室开凿于高峻的河谷峭壁之上,这里未曾遭受战火蹂躏,是"一处香火至今依然旺盛的石窟寺"。河谷高地的自然风光与万佛峡石窟寺壁画(图4-31)的庄严高贵相互映衬,构成了一幅和谐的景象。③

---

① [英]台克满(Eric Teichman):《领事官在中国西北的旅行》,史红帅译,上海科学技术文献出版社2013年版,第122页。
② [英]斯坦因:《西域考古记》,向达译,商务印书馆2017年版,第248页。
③ [英]奥雷尔·斯坦因:《穿越塔克拉玛干》,巫新华、新华、张良仁、赵静译,广西师范大学出版社2000年版,第33页。

图4-31　万佛峡石窟寺壁画，斯坦因1907年摄①

万佛峡洞窟的建筑布局和装饰艺术，如窟室的开凿与连通方式、佛像塑像风格和蛋胶绘制壁画等等，与千佛洞类似，"通过对敦煌千佛洞壁画的观察，我们可以明确地将这些壁画与10世纪在敦煌地区流行的服装样式相联系起来……"②

十　玛藏岩寺

玛藏岩寺（图4-32），又名觉化寺、金刚崖寺、白马寺，位于西宁府辖境内，是青海最早的藏传佛教格鲁派寺院之一。公元10世纪，该寺始建于红崖子沟沟口的半山崖上，人们凿孔架梁，构筑三层大殿，上为佛堂，供奉西藏经师贡巴饶赛塑像及其他几位师长僧侣塑像，中为经堂，下作僧舍。这一寺庙所处地势险峻：

---

①　［英］斯坦因：《西域考古记》，向达译，商务印书馆2017年版，第249页。
②　［英］奥雷尔·斯坦因：《穿越塔克拉玛干》，巫新华、新华、张良仁、赵静译，广西师范大学出版社2000年版，第37—38页。

还在十公里以外时，我们就看见了一个厚实的暗红色的峭壁，峭壁下被寺庙的白色建筑点缀得分外漂亮……古老的佛寺玛藏岩寺（汉人叫它白马寺）位于砾岩峭壁的突出部位上，它的四层窄庙隐藏在一个难以抵达的陡坡之下……庙后的山和庙的侧面都被辉映成了白色。①

图4-32 玛藏岩寺，科兹洛夫1908年绘②

十一 却藏寺

却藏寺始建于清顺治六年（1649年），民国时期坐落在西宁道境内互助地区，占地面积达533360平方米，属藏传佛教格鲁派寺院。寺院设有显宗、密宗、时轮经院、哲理经院，采用西藏哲蚌寺郭莽扎仓的教程，寺内大经堂"却藏康村"统领全寺，下辖共54座分寺。

却藏寺规模宏大，"由土墙围起的大殿及其他附属建筑构成，还有百十座土坯房与之相连"，建筑主体采用砖木结构；大殿中央供奉释迦牟尼

---

① ［俄］科兹洛夫：《死城之旅》，陈贵星译，新疆人民出版社2001年版，第160—161页。
② ［俄］科兹洛夫：《死城之旅》，陈贵星译，新疆人民出版社2001年版，第161页。

鎏金坐像，其他三面佛龛中供奉着 1000 尊小铜佛，其神态、身姿、法器各异；寺中的回廊彩绘满布，神魔蛇怪千姿百态；分隔回廊的格架上置铁质经筒，供信徒念诵。① 道光帝曾在寺中修建了著名的释迦千佛殿，殿顶铺金瓦，饰以九条巨型金龙，故称九龙壁。如普尔热瓦尔斯基所记："寺庙的屋顶很平常，前后两面倾斜，呈人字形，外面包着一层金色的铜板，屋檐的每个角落都雕着一条龙"。②

除上述寺庙外，西人还探访过西来寺、宏仁寺、万寿寺、土主庙、关帝庙、显应观、佑善观、籑得书院的原址清真寺等庙宇、道观或祠堂。但因史料记载较匮乏，兹不详叙。

第四节　考古遗址

1923 年至 1925 年间，瑞典地质学家与考古学家安特生在甘肃发现了灰嘴圸、四时定墓地、半山、镇番沙井等遗址，并将甘肃的远古文化系统划分为齐家、仰韶（半山）、马厂、辛店、寺洼、沙井六期。

一　灰嘴圸遗址

灰嘴圸遗址，亦称灰咀坬遗址，位于临洮县太石乡沙塄村东北 1 公里处，是辛店文化居址和墓葬共存的遗址。遗址北临草泉沟，南临后头沟，东沿白崖湾，西至台地，面积约 1.2 万平方米，文化层厚 0.5 至 1.2 米，断面清晰可见房址和墓葬遗迹。地表散布大量陶片、石块，其中绝大多数陶片属辛店文化彩陶。采集到的陶片有夹砂红褐陶片，器表施以白色或紫红色陶衣，饰绳文、划文；彩绘纹样包括黑彩犬形纹、双勾纹、波折纹、回纹；可辨识出盘、盆、杯、钵等器物形状。安特生在对比河

---

① [俄]尼·米·普尔热瓦尔斯基：《蒙古与唐古特地区：1870—1873 年中国高原纪行》，王嘎译，中国工人出版社 2019 年版，第 229—230 页。

② [俄]普尔热瓦尔斯基：《荒原的召唤》，王嘎、张友华译，新疆人民出版社 2000 年版，第 222 页。

南仰韶村遗址与灰嘴岇遗址后，指出前者"常建于倾斜极微之平原上"，后者四周"峭壁环立、形势险峻"，易守难攻，利于防御，故被先民选作居址。①

二 四时定墓地

四时定墓地处"险峻山嘴之脊"，与导河（临夏）相对，同属辛店期遗址，地势较高，超出河面约76米。该地"东与悬壁为界，西与陡坡相接，南北则深沟环绕，其地则风日侵凌，辛店期之民族，独择此荒僻之地，为彼等埋骨之所者，盖以其气势雄壮故也"②。

三 半山遗址

半山遗址于1924年被首次发现，位于民国时期兰山道境内的宁定县，属新石器时代马家窑文化遗址。半山文化处于早期人类母系制向父系制过渡阶段，对早期人类发展史研究具有重要意义。半山遗址包括瓦罐嘴附近居住址、瓦罐嘴墓地、半山墓地、边家沟墓地、王家沟墓地和半山以南瓦罐嘴以东的墓地。③

四 镇番沙井遗址

沙井文化，其遗址仅见于河西走廊的古浪县、镇番县、永昌县、张掖县等地，晚于马厂类型陶器的形成年代，是含有少量彩陶的陶器、石器与铜器共存的青铜时代文化，大致与中原地区的东周时期吻合④，也

---

① ［瑞典］安特生（J. G. Andersson）：《甘肃考古记》，乐森珺译，文物出版社2011年版，第8页。
② ［瑞典］安特生（J. G. Andersson）：《甘肃考古记》，乐森珺译，文物出版社2011年版，第8页。
③ ［瑞典］安特生（J. G. Andersson）：《甘肃考古记》，乐森珺译，文物出版社2011年版，第8页。
④ 文物编辑委员会：《文物考古工作三十年：1949—1979》，文物出版社1979年版，第144页。

是我国已知最晚的包含彩陶的古文化。

  1924年夏，安特生在完成洮河流域的考古调查后，为填补仰韶文化与青铜文化的缺环，继续向西探索，详细考察了柳湖村、沙井子、黄蒿井以及永昌三角城等地。在沙井南发掘的53座墓葬中出土彩陶双耳圜底罐等器物，其中连续水鸟纹最为独特，在其他彩陶文化中鲜有所见。安特生遂将该文化期置于甘肃远古文化"六期"之末，命名为沙井期。另外，沙井文化的建筑形制也颇具民族特色，遗址中的房屋皆建于平地，周围留有土墙遗迹。①

---

  ① ［瑞典］安特生（J. G. Andersson）：《甘肃考古记》，乐森璕译，文物出版社2011年版，第9页。

下部

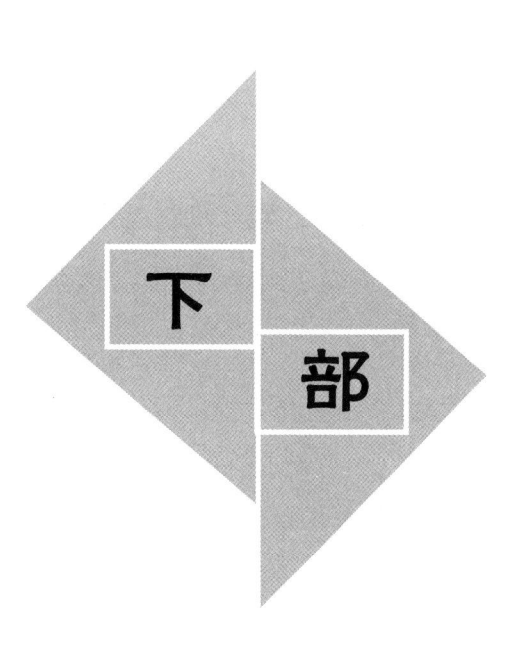

第一章 兰州府

清初，兰州府被称为临洮府，属陕西，康熙六年（1667年）改属甘肃。乾隆三年（1738年），临洮府徙址易名兰州府，置皋兰县为府之附郭，改狄道县为狄道州。至清末，兰州府领两州四县：狄道州、河州、皋兰县、渭源县、金县与靖远县。① 民国二年（1913年），政府合并兰州府、巩昌府为兰山道，领皋兰、红水、金县、狄道②、导河、宁定、洮沙、靖远、渭源、定西、陇西、临潭（原洮州）、漳县、岷县、会宁十五县。③

第一节 府城及周边

兰州府仰黄河供水，西人对当地的自然环境描写也多以黄河为轴心展开叙述。兰州府城坐落于黄河河谷，"在一片宽阔的平地上伸展开去，一面靠着黄河，另外三面是山谷环绕"④。府城（图1-1、图1-2）东

---

① 牛平汉、陈普：《清代政区沿革综表》，中国地图出版社1990年版，第453—454页。
② 民国初年，全国废府州厅改县，狄道州于1913年后改为狄道县，本章中1913年以前到访的西人记录使用"狄道州"，1913年以后到访的西人则称其为"狄道县"。——作者注
③ 兰州市地方志编纂委员会：《兰州市志》，方志出版社2019年版，第75页。
④ ［英］德·莱斯顿：《从北京到锡金——穿越鄂尔多斯、戈壁滩和西藏之旅》，王启龙、冯玲译，西藏人民出版社2003年版，第96页。

图1-1 兰州府城，东亚同文会绘①

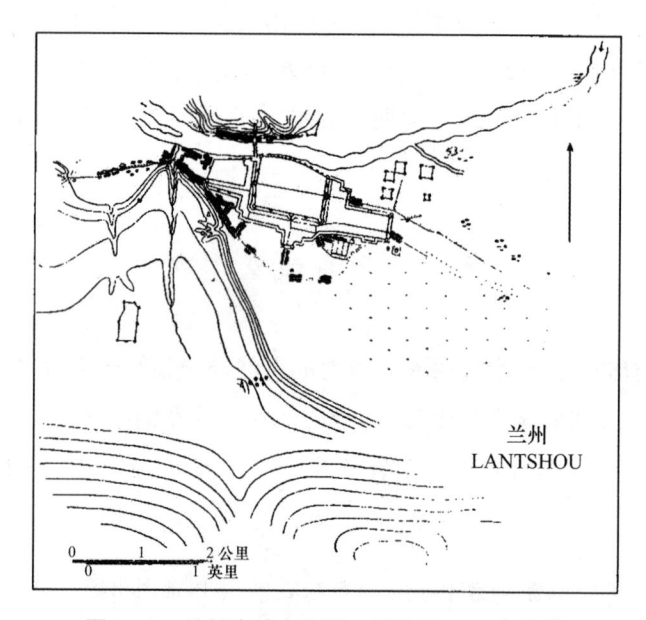

图1-2 兰州府城方位图，马达汉1908年绘②

---

① 東亜同文会：『中国省别全志——甘肃卷（附新疆省）』，東亜同文会，1918，第140頁。
② ［芬］马达汉：《马达汉西域考察日记（1906—1908）》，王家骥译，中国民族摄影艺术出版社2004年版，第432页。

临陇山支脉，西靠琵琶山、青岩山，南倚马塞山余脉皋兰山、五泉山和龙尾山，北挟黄河，与北塔山相对。①

黄河各级支流，诸如大夏河、延水与洮河等，也滋养着兰州府内的河州、狄道县等丰饶县区。河州坐落在黄河支流大夏河河谷的北岸高地约1俄里处②，海拔5000至6000英尺，土地肥沃，宛若一座令人心驰神往的"天府之国"，西南方向的太子山陡峭险峻，即使时值盛夏，依旧白雪皑皑③；狄道县矗立于洮河平原的腴壤地带，东有岳麓山、滴水山，南有平原，与抹邦山、西倾山以及十八盘诸山遥遥相望④；渭源县位于狄道县以东，其东北有七峰山，南有霍谷山；渭水源自渭源县城以北的南谷山，河水东流至鸟鼠山，所经之地平坦开阔。⑤ 位于河州与兰州府城之间的唐汪川镇，却呈现出另一派景象，洮河峡谷（图1-3）的山丘因洮河无法灌溉而渐趋荒漠化，"覆盖在红色砂岩上的黄土经过风化，形成了各式各样、形形色色的黄土塔和黄土柱"。⑥

西人对兰州府城区景象的考察深入细致。就城墙修缮情况而言，兰州府城与其余县区差异显著。府城的城墙雄伟厚重，其高度超出河面近10俄丈，"是一座名副其实的城堡"⑦。1909年4月至7月，暂驻兰州府

---

① [日] 日野强：《伊犁纪行》，华立译，黑龙江教育出版社2006年版，第59页。

② [芬] 马达汉：《马达汉西域考察日记（1906—1908）》，王家骥译，中国民族摄影艺术出版社2004年版，第457页。

③ [英] 台克满（Eric Teichman）：《领事官在中国西北的旅行》，史红帅译，上海科学技术文献出版社2013年版，第131页。

④ 東亜同文会：『中国省别全志——甘肃卷（附新疆省）』，東亜同文会，1918，第155页。

⑤ 東亜同文会：『中国省别全志——甘肃卷（附新疆省）』，東亜同文会，1918，第159页。

⑥ [英] 台克满（Eric Teichman）：《领事官在中国西北的旅行》，史红帅译，上海科学技术文献出版社2013年版，第135页。

⑦ [俄] 彼·库·柯兹洛夫：《蒙古、安多和死城哈喇浩特》，王希隆、丁淑琴译，兰州大学出版社2002年版，第350页。

图1-3　河州与兰州府之间的洮河峡谷，台克满1916年摄①

城的克拉克考察队发现仅有几处护卫西门的马面因年久失修而坍塌。②1916年台克满观察到其城墙、城楼坚固，显然得到了精心的修缮与维护。③ 与之形成鲜明对比的是，河州在1908年时拥有众多谯楼，但城墙已严重塌陷④，临潭县于1914年被反袁世凯农民起义军焚毁，台克满"在甘肃目睹了大量沦为废墟的城镇……但是却没有一处像老洮州城这样被完完全全、彻彻底底地破坏了"⑤。

---

①　Eric Teichman, *Travels of A Consular Officer in North-West China*, Cambridge：Cambridge University Press, 1921, p. 151.
②　[美]罗伯特·斯特林·克拉克、阿瑟·德·卡尔·索尔比：《穿越陕甘：1908—1909年克拉克考察队华北行纪》，C. H. 切普梅尔编，史红帅译，上海科学技术文献出版社2010年版，第68页。
③　[英]台克满（Eric Teichman）：《领事官在中国西北的旅行》，史红帅译，上海科学技术文献出版社2013年版，第103页。
④　[芬]马达汉：《马达汉西域考察日记（1906—1908）》，王家骥译，中国民族摄影艺术出版社2004年版，第457页。
⑤　[英]台克满（Eric Teichman）：《领事官在中国西北的旅行》，史红帅译，上海科学技术文献出版社2013年版，第117页。

第一章　兰州府

街巷数量与城区繁华程度自兰州府城至周边县区呈现减少趋势。以城墙为界，兰州府城可分为外城与内城。外城通过城门划分出不同的区域，街巷纵横交错，内城以鼓楼和都督府为中心，街道向四周辐射。

表1-1　　　　　　　兰州府城的内城、外城城门名称①

	东门	西门	南门	北门
外城	迎恩门、广武门	安定门、袖川门	通远门、拱兰门	广安门、通济门
内城	东照门	镇远门	皋兰门	广源门

表1-2　　　　　　　兰州府城的内城、外城街道②

区域	主要街道	次要街道
外城	西关街、南关街、东关大街、新关大街	桥门街、炭子街、福禄街、孝友街、庆安街、横街子等
内城	东大街、西大街、南大街	心学院街、马坊门、楼南街、府门街、县门外、绣铺街等

兰州府城的街道繁多且布局紧凑有序，干净整洁的环境给西人留下了良好印象。从图1-4马达汉所摄的兰州府城主道景象与图1-5东亚同文会绘制的兰州府城缩略图，对该城市的整体布局可窥一二。

1906年，自印度远道而来的布鲁斯对兰州府城称赞不已："在到达京师之前，兰州是我们一行见到的最繁华、给人印象最深的城市。"③ 1916年台克满也夸赞兰州府城是考察中国省城中最具魅力的一座城市。④

---

① 東亜同文会：『中国省别全志——甘粛卷（附新疆省）』，東亜同文会，1918，第139—141頁。

② 東亜同文会：『中国省别全志——甘粛卷（附新疆省）』，東亜同文会，1918，第140—141頁。

③ [英] C. D. 布鲁斯：《走出西域——沿着马可·波罗的足迹旅行》，周力译，海潮出版社2000年版，第210页。

④ [英] 台克满（Eric Teichman）：《领事官在中国西北的旅行》，史红帅译，上海科学技术文献出版社2013年版，第103页。

图 1-4　兰州府城主道，马达汉 1908 年摄①

马达汉详细记录了 1908 年兰州府城大年初一的街景（图 1-6）：

> 商店都关了门，屋子的廊柱和大门上都贴了写有中国字的对联，还挂了灯笼和彩色纸条……牲口辔头上披戴着色彩鲜艳的纸花和绸带，浑圆健壮的毛驴"得得"地穿行在石子路上……庆祝活动和鼓乐之声在漂亮的烟花和军事阅兵式中结束。房屋和街道到处都挂满了红灯，当红灯点亮时，全城的居民都出来了。②

相较之下，其他县区的街区数量较少，繁华程度略逊一筹。如狄道县的主要街道贯穿了东西南北四门。③ 河州仅拥有一条颇为繁忙的

---

① ［芬］马达汉（C. G. Mannerheim）：《1906—1908 年马达汉西域考察图片集》，王家骥译，山东画报出版社 2000 年版，第 119 页。
② 王家骥：《马达汉》，中国民族摄影艺术出版社 2002 年版，第 204—207 页。
③ 東亜同文会：『中国省別全志——甘粛卷（附新疆省）』，東亜同文会，1918，第 156 頁。

图 1-5 兰州府城略图,东亚同文会绘

① 東亞同文会:『中国省别全志——甘肃卷(附新疆省)』,東亞同文会,1918,第 138 頁。

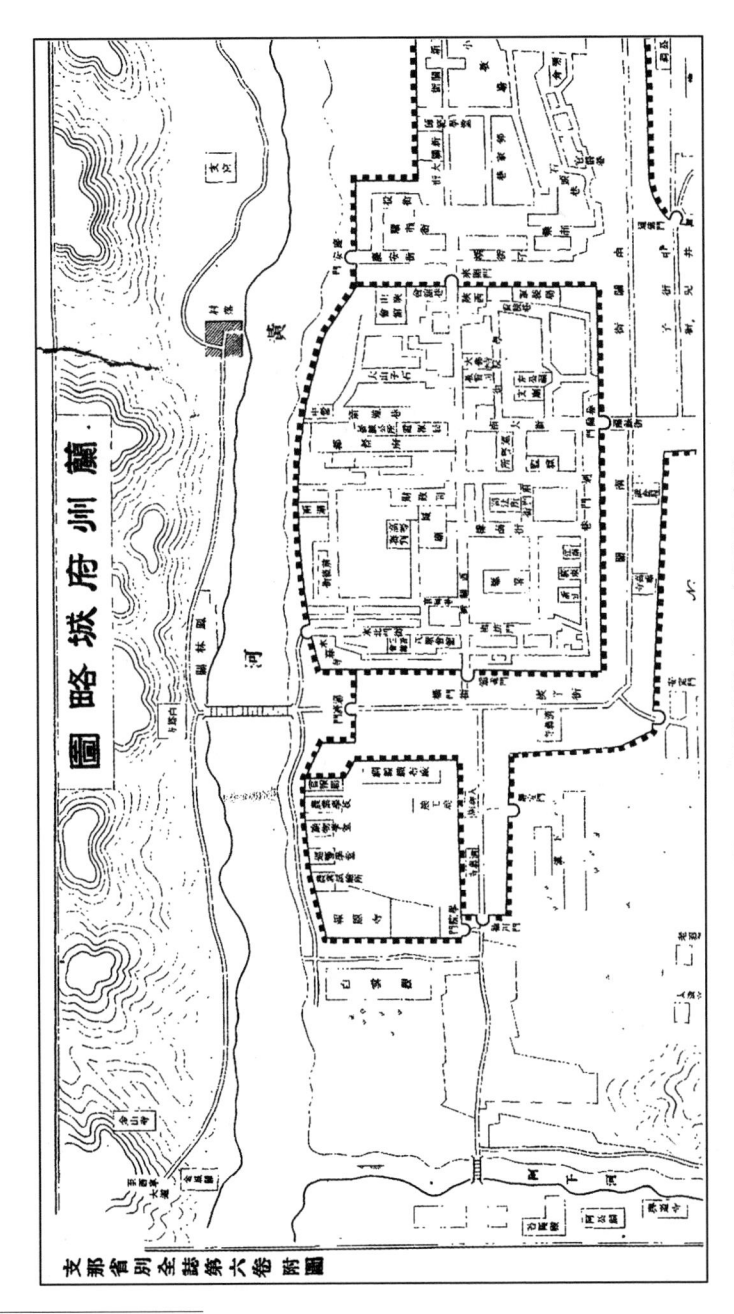

图1-6 兰州府城的过年场景，马达汉1908年摄①

主道。②

从府城到州县，建筑在种类、规模和数量上也呈现逐渐递减的趋势。兰州府城内，各类建筑如行政机关、学校、寺庙、会馆、工厂等一应俱全、数量较多，河州、狄道县和渭源县等地则相对有限（表1-3）。

表1-3　　　　　　　　兰州府各市县建筑情况③

州县 类型	兰州府城	河州	狄道县	渭源县
官府	都督府、内务府、实业司、教育司、财政司、国税厅、司法筹备处、县署、全省模范监狱、地方审判厅、高等审判厅、邮局、电报局、调查局、农业试验所	城区建筑不多	县署、厘金局、统捐局、巡捕局、邮政分局	县署、县议会、税务局、营房

---

① 王家骥：《马达汉》，中国民族摄影艺术出版社2002年版，第206页。
② ［芬］马达汉：《马达汉西域考察日记（1906—1908）》，王家骥译，中国民族摄影艺术出版社2004年版，第457页。
③ 東亜同文会：『中国省別全志——甘肃卷（附新疆省）』，東亜同文会，1918，第142—147、156—157、160—161页。

第一章　兰州府

续表

类型＼州县	兰州府城	河州	狄道县	渭源县
学校	优级师范学堂、兰州中学、陆军学堂、农业学堂、巡警学堂、政法专科学校	—	兵营二等学校和女德学堂	高等小学
寺庙	城隍庙、大佛寺、左公祠、文庙、木暮寺、高福寺、昭忠祠、崇庆寺、白塔寺、大清宫、金山寺、雷坛、白云观、清真寺、火神庙、静安寺、执德寺	—	—	城隍庙、万仞宫、财神庙和文昌宫
会馆	三晋会馆、八旗会馆、两湖会馆、浙江会馆、广东会馆、江西会馆、江南会馆、山陕会馆	—	—	—
工厂	洋蜡胰子厂、织呢局	—	—	—

除此之外，兰州府城在1908年3月还积极建设一处植物园和一家动物园，前者占地2至3公顷，作为当地民众的农业教育与示范基地，后者饲养各种珍奇动物。①

第二节　人口与教育

兰州府域人口数量与居民生活是西人考察时不可忽视的重要内容。

一　人口

借官员口述和亲自目测等方式，西方探险家对兰州府人口进行了粗略统计（表1-4）。

---

① ［芬］马达汉：《马达汉西域考察日记（1906—1908）》，王家骥译，中国民族摄影艺术出版社2004年版，第443页。

表1-4　　　　西方探险家对兰州府的人口统计

时间	西人	信息源	地区	人口数量
1904年	莱斯顿	—	兰州府	约500000人①
1901—1918年	东亚同文会	—	皋兰县	80000人②
			狄道县	约3000人③
			渭源县	约1800人④
1906—1908年	马达汉	道台	兰州府	300000人⑤
		—	皋兰县	36540户⑥
		镇台	河州	327000户⑦
1908—1909年	克拉克考察队		兰州府	500000人⑧

通过这些统计，我们不仅能够窥见兰州府及其周边地区在20世纪初的人口规模，还能感受到不同西方探险家在中国内地进行地理和社会经济调查的努力与挑战。这些数据虽然存在一定的误差，但对于认

---

① ［英］德·莱斯顿：《从北京到锡金——穿越鄂尔多斯、戈壁滩和西藏之旅》，王启龙、冯玲译，西藏人民出版社2003年版，第96页。

② 東亜同文会：『中国省别全志——甘肃卷（附新疆省）』，東亜同文会，1918，第139頁。

③ 東亜同文会：『中国省别全志——甘肃卷（附新疆省）』，東亜同文会，1918，第156頁。

④ 東亜同文会：『中国省别全志——甘肃卷（附新疆省）』，東亜同文会，1918，第160頁。

⑤ ［芬］马达汉：《马达汉西域考察日记（1906—1908）》，王家骥译，中国民族摄影艺术出版社2004年版，第448—449页。

⑥ ［芬］马达汉：《马达汉西域考察日记（1906—1908）》，王家骥译，中国民族摄影艺术出版社2004年版，第448—449页。

⑦ ［芬］马达汉：《马达汉西域考察日记（1906—1908）》，王家骥译，中国民族摄影艺术出版社2004年版，第459—460页。

⑧ ［美］罗伯特·斯特林·克拉克、阿瑟·德·卡尔·索尔比：《穿越陕甘：1908—1909年克拉克考察队华北行纪》，C.H.切普梅尔编，史红帅译，上海科学技术文献出版社2010年版，第164页。

识当时地区的人口分布、社会结构及其变迁具有重要的参考价值。

二 教育

随着科举制的废除,传统私塾教育逐渐式微,西方文化的输入推进了各式新学堂的建设和发展。在这一时期,兰州府的教育呈现出学校职能专门化、师资多元化和教学内容广博化的鲜明特征。

根据专业不同,清末民初时期兰州府学校可分为高等学堂、军事学堂、职业学堂、师范学堂和中小学堂等多个类别。① 1906年日野强目睹了兰州府城的文高等学堂、武高等学堂、兰州府中学堂和小学堂等。② 马达汉在1908年的考察日记中记录了兰州府城的甘肃农林学堂、矿务学堂、陆军小学堂、速成师范学堂和优级师范学堂等学校情况。其中,陆军小学堂专注于培养军事官员,高等学堂培养教师或衙门职员,师范学堂培养市府、县府教师。

在师资方面,学校广纳人才,不仅汇聚本土教师,还聘请外籍教员前来授课。③ 矿务学堂招揽汉人教员、藏族喇嘛和穆斯林教员的同时,还有比利时狄化淳神父担任教职。④ 农林学堂则聘请了比利时化学家格尔斯特。高等学校聘用冈岛诱、高桥几造、梅村某三名日本教师。⑤

在教学内容上,兰州府的新式学校不仅注重国学经典传承,还广泛开设自然科学课程以及法语、日语、英语、汉语、俄语、藏语等语言课

---

① [芬]马达汉:《马达汉西域考察日记(1906—1908)》,王家骥译,中国民族摄影艺术出版社2004年版,第442—445页。
② [日]日野强:《伊犁纪行》,华立译,黑龙江教育出版社2006年版,第59页。
③ [芬]马达汉:《马达汉西域考察日记(1906—1908)》,王家骥译,中国民族摄影艺术出版社2004年版,第442页。
④ [法]伯希和:《伯希和西域探险日记(1906—1908)》,耿昇译,中国藏学出版社2014年版,第572页。
⑤ [日]日野强:《伊犁纪行》,华立译,黑龙江教育出版社2006年版,第59页。

程。这些新式学校的教学设施也相当先进：高等学堂配备了解剖学、动植物、物理、化学等实验室。① 农林学堂"设有矿物学、植物学、动物学部类的博物馆，馆内的鸟类标本、鞘翅目和蝴蝶陈列柜非常精美"②。此外，图书馆还收藏"一大批中文、日文、英文和德文书籍，甚至还有简单的俄文书"。③

第三节　农牧、工商与交通

一　农牧

兰州府域内的昼夜温差显著，日照时间充裕，降水量相对较少，农作物大多抗旱喜阳。具体来讲，兰州府城的郊区广泛种植蔬菜和瓜果，南部山区种植谷子、糜子、辣椒、豌豆、大豆和大小麦，而北部山区除种植相似作物外，还有青稞以及少量荞麦，作物一年一熟，依赖雨水和积雪融水灌溉。④ 河州山区种植青稞、大豆、玉米、荞麦和少量小麦；平原地区以青稞、大小麦、豌豆以及谷子、糜子等为主。⑤ 渭源县主要种植青稞、大麦和小麦；沙泥县为麦子、稷、高粱等作物。⑥ 值得一提的是，湟水上游的土壤异常肥沃，因此常有粮食从西宁府运往兰州府。⑦

---

　　① ［芬］马达汉：《马达汉西域考察日记（1906—1908）》，王家骥译，中国民族摄影艺术出版社2004年版，第444—445页。

　　② ［俄］彼·库·柯兹洛夫：《蒙古、安多和死城哈喇浩特》，王希隆、丁淑琴译，兰州大学出版社2002年版，第351页。

　　③ ［芬］马达汉：《马达汉西域考察日记（1906—1908）》，王家骥译，中国民族摄影艺术出版社2004年版，第442、444—445页。

　　④ ［芬］马达汉：《马达汉西域考察日记（1906—1908）》，王家骥译，中国民族摄影艺术出版社2004年版，第449页。

　　⑤ ［芬］马达汉：《马达汉西域考察日记（1906—1908）》，王家骥译，中国民族摄影艺术出版社2004年版，第460页。

　　⑥ 東亜同文会：『中国省别全志——甘肃卷（附新疆省）』，東亜同文会，1918，第160、162頁。

　　⑦ ［俄］彼·库·柯兹洛夫：《蒙古、安多和死城哈喇浩特》，王希隆、丁淑琴译，兰州大学出版社2002年版，第176页。

尽管西人关于兰州府牧业的录述不多，但台克满却提到兰州府城地处亚洲最优质的羊毛产区，且当地民众对奶制品与牛羊肉的偏好与西人饮食习惯如出一辙，因此"上乘的小麦面粉、鲜美的羊肉和浓醇的牛奶在这里总是供应充裕，而羊肉和牛奶在中国其他地区却经常难得一见"①。此外，据1901至1918年间东亚同文会的考察记录，狄道县和河州是重要的羊毛产地，兰州府城更有洋行专门从事羊毛等土特产的收购工作，如新泰兴隆洋行每年7月至次年2月间的兰州羊毛收购量可达300万斤。②

二 工商

兰州府城的进出口贸易极为兴盛，商品种类繁多。台克满指出"当前（指1916年）的兰州是西北地区重要性仅次于西安的城市……在兰州城的大街小巷，也许会遇到来自天津、四川、新疆、蒙古、西伯利亚、西藏，甚至印度的客商"③。金银玉器和古玩店铺在兰州府城随处可见。④ 1909年，科兹洛夫也曾发现兰州府城的店铺中陈列着各式青铜制品（图1-7）和陶瓷等特产。⑤

兰州府城还出口水烟、毛皮、黄烟、药材、食盐等货品，进口商品主要集中在白大布、洋布匹、斜纹布匹、杂货、糖、纸、茶器等生活用品。⑥

---

① ［英］台克满（Eric Teichman）：《领事官在中国西北的旅行》，史红帅译，上海科学技术文献出版社2013年版，第103页。

② 東亜同文会：『中国省别全志——甘肃卷（附新疆省）』，東亜同文会，1918，第145—147、158页。

③ ［英］台克满（Eric Teichman）：《领事官在中国西北的旅行》，史红帅译，上海科学技术文献出版社2013年版，第103页。

④ ［美］罗伯特·斯特林·克拉克、阿瑟·德·卡尔·索尔比：《穿越陕甘：1908—1909年克拉克考察队华北行纪》，C. H. 切普梅尔编，史红帅译，上海科学技术文献出版社2010年版，第68页。

⑤ ［俄］彼·库·柯兹洛夫：《蒙古、安多和死城哈喇浩特》，王希隆、丁淑琴译，兰州大学出版社2002年版，第351页。

⑥ 東亜同文会：『中国省别全志——甘肃卷（附新疆省）』，東亜同文会，1918，第145页。

图1-7 古老的中国铜器,马达汉1908年摄①

在兰州府的周边县区中,河州和狄道县商业相对繁荣。1908年的河州街市不仅牙行②买卖兴隆,还主要出产旱烟、羊毛、羊皮和松柏木材等商品③,它们"有的陈列在柜台上,有的摆放在笸箩里,或者简单地摊在地上一块粗布上。固定在长木杆上的白色四方形遮阳伞多如树林,几乎挡住了骑马人的道"④。

值得一提的是,清末新政以及辛亥革命等历史契机推动了兰州府的工业变革,机器、制造、纺织、能源、火柴和印刷业(图1-8)等行业在这一时期取得了一定程度的发展。

---

① [芬]马达汉:《马达汉西域考察日记(1906—1908)》,王家骥译,中国民族摄影艺术出版社2004年版,第441页。

② 为买卖双方说合、介绍交易,并抽取佣金的商行或中间商人。有时也指牙商的同业组织。自清代始,牙行的职能又从介绍交易、提供仓储、食宿发展到自营买卖,代客垫款、收帐、代办运输、起卸、报关,对农民和手工业者进行预买、贷款。牙行的收入除佣金外还有商业利润、贷款利息和服务报酬等,不过这类牙行只是少数。——作者注

③ 東亜同文会:『中国省別全志——甘肃卷(附新疆省)』,東亜同文会,1918,第157—158页。

④ [芬]马达汉:《马达汉西域考察日记(1906—1908)》,王家骥译,中国民族摄影艺术出版社2004年版,第457页。

第一章　兰州府

图 1-8　兰州市报印刷车间，马达汉 1908 年摄①

一方面，兰州府在近代创办了兰州机器织呢局、洋蜡胰子厂、官铁厂、窑街官金铜厂等知名工厂。这些工厂能够集齐原料、技术和机器并顺利开办，得益于中国政府与外国技师的紧密合作。其中，兰州机器织呢局由左宗棠于光绪六年（1880 年）创立，但因设备损坏等因素几经停办，光绪三十二年（1906 年），兰州道彭英甲与比利时公使馆参赞林阿德②签订合同，修复设备，并将织呢局更名为"甘肃织造局"。光绪三十四年（1908 年），比利时毛纺工程师穆赍添置新机器，携所聘洋匠五名，共同修建厂房，于宣统元年（1909 年）竣工。③

另一方面，西人是兰州府工业发展的见证者与记录人。1908 年，马达汉出席时任陕甘总督升允举办的宴会（图 1-9），并在逗留期间走访

---

① ［芬］马达汉（C. G. Mannerheim）：《1906—1908 年马达汉西域考察图片集》，王家骥译，山东画报出版社 2000 年版，第 121 页。

② 林阿德（Alphonse Bernard Splingaerd，1877—1943），曾任比利时驻中国参赞。——作者注

③ 甘肃省档案馆：《甘肃近代工业珍档录》，甘肃文化出版社 2013 年版，第 517 页。

当地部分丝织厂、玻璃厂和制作铜制品、茶壶、漆器以及皮制品的手工作坊①，为我们提供了第一手的实地观察和记录。

图1-9 马达汉出席陕甘总督升允的宴会，1908年摄②

到1916年，兰州府城的工业发展已经取得了显著的进步，能够自行生产一些基本的日用品，如火柴和肥皂。这种自给自足的能力标志着兰州府城在向现代化工业城市转型的过程中迈出了重要的一步。

然而，兰州府城的工业化进程仍面临重大挑战。台克满对此有深刻认识，特别是兰州府城地理位置所带来的物流难题。兰州府城位于内陆，与沿海地区相距遥远，中间隔着连绵的山脉。这种地理环境造成了从沿海地区运输外国机器和商品至兰州府城的成本极高，运输过程中的困难和风险大大增加。③

---

① [芬]马达汉：《马达汉西域考察日记（1906—1908）》，王家骥译，中国民族摄影艺术出版社2004年版，第443页。
② 王家骥：《马达汉》，中国民族摄影艺术出版社2002年版，第212—213页。
③ [英]台克满（Eric Teichman）：《领事官在中国西北的旅行》，史红帅译，上海科学技术文献出版社2013年版，第104页。

三 交通、电讯

兰州府的陆路交通发展较早,主要交通网络由军事通道、驿道、商道等多元线路构成,其中商道和驿道多由军事通道演变而来。①

表 1-5　　　　　　　　以兰州府为中心的主要交通干线②

起点	途经	终点	备注
陕西西安府	河溪谷、平凉府、六盘山	兰州府	—
陕西省北部	宁夏府、兰州府北部、凉州府、肃州、安西州、星星峡	新疆省哈宗厅	自清初以来,此线路在新疆战况紧急之际时常作为军粮运输通道
兰州府	岷州、阶州	四川省龙安府	—
兰州府城	东北方向顺黄河而下	与凉州府至第二路相接	—
兰州府	西宁府、青海	西藏拉萨	—
陕西凤翔府	秦州	兰州府	—
平凉府	秦州	兰州府	—
白龙堆沙漠	玉门县、敦煌县	兰州府城	是自汉以来的西域南路,玄奘法显、马可·波罗等人都曾取道此处

如表 1-5 所示,兰州府其他县区的交通网络以马车道或山路为主,例如,自河州出发,有三条马车道通往兰州府城、狄道州与洮州③,另有六条山路至狄道州、西宁府、兰州府城、洮州、萨苏玛与岷州。④

相形之下,兰州府的水路交通起步较晚,主要依托黄河及其支流。清光绪年间,筏户利用黄河兰州段水量充沛、河床稳定、水流平稳的水

---

① 兰州市地方志编纂委员会、兰州市交通志编纂委员会:《兰州市志交通志》(上),兰州大学出版社 2001 年版,第 1 页。
② 東亜同文会:『中国省别全志——甘粛巻(附新疆省)』,東亜同文会,1918,第 152—153 页。
③ 马达汉于 1908 年到访兰州府,此时洮州和狄道州尚未更名。——作者注
④ [芬]马达汉:《马达汉西域考察日记(1906—1908)》,王家骥译,中国民族摄影艺术出版社 2004 年版,第 460—461 页。

文条件，运输羊毛、水果、水烟等大宗货品，基本形成从青海经兰州府至包头的水运线路。① 但由于河段和季节的变化，通航时常受到影响。据东亚同文会记载："虽有黄河的巨流，但由于缺乏水利，只在中卫县下游才有船只通航，小船和木筏也只能在小范围内使用。"②

电报是保障兰州府与其他地区交流的重要手段。清初，为加强新疆、青海的统治和维持军队给养，清廷恢复了部分明朝驿站并新增驿站和驿夫；光绪三十年（1904 年），兰州府城始设邮政分局，邮政局与驿站并存数年。克拉克的行纪记述过 1909 年的兰州府城有邮政分局和电报局各一，可经固原州与西安城互发电报。③ 至民国二年（1913 年），孙中山先生宣布"裁驿归邮"，邮政机构方才普遍设立。④ 在这一历史时期，中国邮政业克服了连年战乱和农民起义等阻碍，始终保持着高效的运作态势。⑤

第四节 水车、皮筏与黄河铁桥

兰州府城的社会生活和农业生产密切依赖黄河水资源。黄河穿越兰州府城，但由于其独特的地理特征——岸高河低——使得引水灌田成为一项极具挑战的任务。解决这一问题的创新办法之一是发展和使用水车。⑥ 明嘉靖四十五年（1566 年），兰州府的居民利用竹子制作了筒车

---

① 兰州市地方志编纂委员会、兰州市交通志编纂委员会：《兰州市志交通志》（上），兰州大学出版社 2001 年版，第 1 页。

② 東亜同文会：『中国省别全志——甘肃卷（附新疆省）』，東亜同文会，1918，第 152 页。

③ ［美］罗伯特·斯特林·克拉克、阿瑟·德·卡尔·索尔比：《穿越陕甘：1908—1909 年克拉克考察队华北行纪》，C. H. 切普梅尔编，史红帅译，上海科学技术文献出版社 2010 年版，第 164 页。

④ 武沐：《兰州通史·明清卷》，甘肃人民出版社 2021 年版，第 295—296 页。

⑤ ［英］台克满（Eric Teichman）：《领事官在中国西北的旅行》，史红帅译，上海科学技术文献出版社 2013 年版，第 105 页。

⑥ 武沐：《兰州通史·明清卷》，甘肃人民出版社 2021 年版，第 246 页。

第一章　兰州府

模型。通过多次实验和改进，最终制造出木制水车。这种水车能够有效地从低洼的河流提水到较高的田地进行灌溉。木制水车的成功应用极大改善了当地的农业灌溉条件，增强了农业生产的可能性和效率。①

图1-10　黄河水车，盖洛1908年摄②

黄河水车的木轮上挂满了水桶，湍流带动木轮缓缓翻转，河水自动灌入水桶之中，后逐一倒入水槽，最终流进沟渠。如此，黄河之水的利用效率得以大大提高，确保了城市与农田灌溉的稳定。

黄河沿途的皮筏（图1-11），作为一种重要的传统交通工具，承载了载客和运货双重功能。这种筏子根据使用材料的不同，主要分为牛皮筏和羊皮筏两种。

---

①　黄河水利科学研究院：《黄河引黄灌溉大事记》，黄河水利出版社2013年版，第61页。

②　William Edgar Geil, *The Great Wall of China：With One Hundred Full-Page Illustrations and Maps*, New York：Sturgis and Walton Company, 1909, p. 307.

图 1-11　皮筏，台克满 1916 年摄①

牛皮筏因其较大的承载能力和耐用性，通常用于青海下行的长途运输；而羊皮筏则因其较轻和便于操控的特性，更适合于短途运输。② 羊皮筏常由整张剥下的羊皮加工制成，充气后捆扎在一起，"在这些相互连接的充气物的平面，半松半紧地捆着一块木板，我们面前就有这种交通工具，用来运送兰州与宁夏之间的客货"③。羊皮筏以其体积小、重量轻、质地韧等优点，不仅在运销甘肃土产的过程中发挥巨大功用，甚至在兰州府城架设黄河铁桥时，亦承担了不少运送建筑材料的重任④。

1916 年，台克满结束甘肃考察后，选择了黄河水路作为返回沿海地区的路线。当地官员为他们准备的正是羊皮筏（图 1-12、图 1-13）。

---

① [英] 台克满（Eric Teichman）：《领事官在中国西北的旅行》，史红帅译，上海科学技术文献出版社 2013 年版，第 159 页。

② 陈乐道、王艾邦：《黄河航运的见证——民国皮筏档案解读》，《档案》2003 年第 6 期，第 37 页。

③ [英] 德·莱斯顿：《从北京到锡金——穿越鄂尔多斯、戈壁滩和西藏之旅》，王启龙、冯玲译，西藏人民出版社 2003 年版，第 96 页。

④ 邵永强、魏通：《黄河上的天之骄子——羊皮筏子》，《兰州学刊》1981 年第 3 期，第 89—90 页。

图 1-12　乘筏在黄河上游漂游，台克满 1916 年摄①

图 1-13　马匹从黄河上游乘筏顺流而下，台克满 1916 年摄②

---

①　[英] 台克满（Eric Teichman）：《领事官在中国西北的旅行》，史红帅译，上海科学技术文献出版社 2013 年版，第 159 页。
②　[英] 台克满（Eric Teichman）：《领事官在中国西北的旅行》，史红帅译，上海科学技术文献出版社 2013 年版，第 170 页。

台克满称许了这种交通方式的安全性，"（木筏）可以在岩石之间经受反复撞击而不会散架"，但由于筏身多由松木捆束而成，难免存在一些细小缝隙，乘筏者的随身物品若不慎滑落其间，只能拆筏捡拾。此外，尽管船身构造相对稳固，航行途中依旧惊险重重：在"童秃多石"的峡谷中漂流，两侧悬崖绝壁耸立，沿途的湍流险滩无以计数，即便有经验丰富的船工护航，木筏与岩体仍时而撞击，冲击力之大足令船只粉身碎骨。①

西方探险家探访兰州府城时，还见证了新桥（黄河铁桥）与旧桥（镇远浮桥）并立的景象。② 镇远浮桥由24只木舟组成，通过铁链拴系，横跨黄河两岸，其上铺设木板，形成一条坚实的通道。③ 在相当长的时期内，居民依赖浮桥或皮筏渡河，冬季则在冰面上行走，"每年解冻的时候，都会淹死很多人"。④ 左宗棠督甘时（1869—1880年）曾提议引进外资修建一座铁桥，但因外商索价高昂而作罢。直至光绪三十一年（1905年），德商喀佑斯与时任陕甘总督升允、兰州道彭英甲商议造桥一事，终达协议。桥梁的设计、建材、修建皆由外商负责，并承诺保险80年。⑤ 铁桥的修建工作（图1-14）自光绪三十三年（1907年）二月始，宣统元年（1909年）六月竣成投运。⑥

莫理循和迈耶分别于1910年和1914年拍摄了黄河铁桥（图1-15、图1-16）的风采。

---

① ［英］台克满（Eric Teichman）：《领事官在中国西北的旅行》，史红帅译，上海科学技术文献出版社2013年版，第158、160—161页。

② ［美］威廉·埃德加·盖洛：《中国长城》，沈弘、恽文捷译，山东画报出版社2006年版，第236页。

③ ［英］德·莱斯顿：《从北京到锡金——穿越鄂尔多斯、戈壁滩和西藏之旅》，王启龙、冯玲译，西藏人民出版社2003年版，第96页。

④ ［英］C.D.布鲁斯：《走出西域——沿着马可·波罗的足迹旅行》，周力译，海潮出版社2000年版，第210页。

⑤ 中国第一历史档案馆：《清末修建兰州黄河铁桥史料》，《历史档案》2003年第3期，第72页。

⑥ 黄河水利委员会黄河志总编辑室：《黄河大事记》，黄河水利出版社2001年版，第138页。

图 1-14　建造中的黄河铁桥，马达汉 1908 年摄①

图 1-15　古城畔的铁桥，莫理循 1910 年摄②

---

① [芬] 马达汉：《百年前走进中国西部的芬兰探险家自述：马达汉新疆考察纪行》，马大正、王家骥、许建英译，新疆人民出版社 2009 年版，第 138 页。
② [澳] 莫理循：《一个澳大利亚人在中国》，窦坤译，福建教育出版社 2007 年版，第 228 页。

图1-16　兰州府城的黄河铁桥，迈耶1914年摄①

经过估测，莫理循得出黄河铁桥全长710英尺。这座桥梁的建设材料如钢架、钢梁、水泥、油漆、螺丝钉等皆由德国进口，通过海运运至天津港，再经郑州、西安转运，最终抵达兰州府城。② 在筹建过程中，英国工程师负责设计，美国纽约桥梁公司承担建造工作，一位长期生活在中国的美籍工程师与受训的工人将桥体组合拼装。工程顺利竣成后，"桥上大车、马匹、骡子、骆驼川流不息，有时甚至还会有牦牛经过。往来行人和驮畜向东前往中原，向西去往新疆"③，提高了沿河交通之便，备受赞誉，时任兰州道彭英甲居功甚伟。④

---

① 卞修跃：《西方的中国影像（1793—1949）弗兰克·迈耶卷》（第二册），黄山书社2015年版，第145页。
② 方荣：《兰州黄河铁桥》，甘肃人民出版社2015年版，第29页。
③ [英]台克满（Eric Teichman）：《领事官在中国西北的旅行》，史红帅译，上海科学技术文献出版社2013年版，第103页。
④ [澳]莫理循：《一个澳大利亚人在中国》，窦坤译，福建教育出版社2007年版，第227页。

第五节 兰州八景

城市景观犹如一面镜子,映射出特定地区的文化特质,成为承载地方特色与历史脉络的珍贵文化遗产。作为甘肃首府及其政治、文化、经济和交通中心,兰州府城景观不容小觑,盖洛总结出"兰州八景",并在游记中将这些胜景与西方历史文化古迹做一类比:

> 兰州这座城市可以与整个古代世界一较高下。古代世界不是自诩拥有罗得岛巨像、巴比伦空中花园、阿耳特弥斯神庙等七大奇迹吗?兰州拥有八大景观,胜过了西方。我们按图索骥,忠实地寻访了兰州八景,将其一一拍照、存档。[①]

一 浮桥

明洪武十八年(1385年),兰州卫指挥金事杨廉将原本用于输送粮饷的浮桥迁移至金城关下,标志着黄河历史上首座民用桥梁的诞生。如前所述,兰州浮桥以铁船相互连缀而成,整体以碇石固定于河床,长木相连,铺以木板,置以围栏,南北两岸竖有四根系缆铁柱,每年11月黄河结冰前拆除,春季重建。

> 24艘驳船,每艘长达40英尺,用缆索拴在了一起,12根草绳和3根麻绳,每根的直径都达6英寸;还有两条当地煅造的粗铁链,它们都增加了浮桥的整体安全性。船只似乎没有单独配备锚,但密密麻麻的绳索和铁链把它们牢牢地固定住。两岸竖起了24根木柱和两根铸铁空心柱子,索链固定在柱子上。各条船之间搭起了架子,

---

[①] William Edgar Geil, *Eighteen Capitals of China*, Philadephia and London: J. B. Lippincott Company, 1911, p. 316.

架子上铺设了通向下一条船甲板的木板。①

二 金山

金山,因山色与黄土相近而得名,亦因山上的白塔寺而被称为白塔山。金山濒临黄河北岸,"东起朝阳山东坡头,西至拱北沟,南以黄河为界,北至冠云山巅"②。其上建筑多样,包括亭台、楼阁、牌坊、寺庙等,间或建有客栈;山脚下是回民聚居区。③

三 金山塔

金山塔,又名白塔,原为佛塔,明代景泰年间,镇守甘肃宦官名将刘永诚在原古刹遗址上修建塔院,塔身七级八面,高约17米,下筑园基,上覆绿顶,各面皆雕刻佛像,檐角上铁马铃随风摇曳。塔内置照明设备,塔身外涂白浆,风格独特,被盖洛视作"亚历山大港的法罗斯岛灯塔"④。

四 莲池

莲池,即今日所称的小西湖公园。小西湖北临黄河,原本是一片天然池塘,后因池内种有莲花而得名,又名莲荡池。据《兰州市志》载,"清光绪七年(1881年),护理陕甘总督杨昌濬重修,种莲栽柳,蓄水养鱼,建牌坊、来青阁、古景亭等,命名为小西湖"⑤。莲池深24英寸,

---

① [美]威廉·埃德加·盖洛:《中国十八省府》,沈弘、郝田虎、姜文涛译,山东画报出版社2008年版,第303页。

② 张小娟:《兰州历史文化的保护与继承——以白塔山历史风貌区为例》,《兰州大学学报》(社会科学版)2009年第S1期,第79页。

③ [美]威廉·埃德加·盖洛:《中国十八省府》,沈弘、郝田虎、姜文涛译,山东画报出版社2008年版,第303页。

④ [美]威廉·埃德加·盖洛:《中国十八省府》,沈弘、郝田虎、姜文涛译,山东画报出版社2008年版,第304页。

⑤ 兰州市地方志编纂委员会:《兰州市志》,方志出版社2019年版,第236页。

是研究当地动物的绝佳之地,也是各种生机勃勃与正在衰朽的植物交织共生的乐园,莲池中精美无比的砖桥将几座亭子连接在一起①,池塘四周遍布寺庙,园中满植蔬菜,成为了平日官员欢宴之地。

五 卧桥

在唐代,雷坛河上架设起一座伸臂木梁桥,明永乐年间(1403—1424年)重建该桥,命名握桥,亦名西津桥,俗称卧桥(图1-17)。

图1-17 兰州卧桥,盖洛1909年摄②

卧桥全年开放,跨度约70英尺,上有顶棚,两侧各置一座桥头堡。盖洛将其与威尼斯的叹息桥(Ponte dei Sospiri)相提并论,夸赞卧桥的

---

① [美]威廉·埃德加·盖洛:《中国十八省府》,沈弘、郝田虎、姜文涛译,山东画报出版社2008年版,第304页。
② William Edgar Geil, *Eighteen Capitals of China*, Philadephia and London: J. B. Lippincott Company, 1911, p. 318.

雅致远胜于其他伸臂木桥。①

六 五泉山

相传，汉代名将霍去病西征，途中着鞭而出甘露、掬月、摸子、蒙泉、惠泉五眼泉水，五泉山由此得名。元朝时在此山上兴建皇庆寺，明洪武五年（1372 年）受皇命敕改为五泉寺，明永乐七年（1409 年）重建，更名为崇庆寺，后建千佛阁、嘛呢寺、文昌宫、魁星阁等；清乾隆四十六年（1781 年）、同治六年（1867 年），多数建筑毁于战火，仅金刚殿幸存，同治后重修；民国八年至十三年（1919—1924 年），甘肃名士刘尔炘募捐银两对五泉山整修扩建。② 每年春季，山脚下连办五天庙会，热闹非凡，"小摊上摆满了糖果和玩具，招揽法定假日的度假者；说书艺人取代了吟游诗人或黑人说唱演员；小山谷里森林中的淙淙泉水吸引着人们去那儿野餐"。③

七 后五泉

后五泉，位于八里镇后五泉村，河谷地带有谢家泉、叶家泉、伏泉（又名福泉）、马黄泉、龙泉，故称后五泉，又因沟深处有一岩凹，呈覆屋状，墨暗如夜，在岩顶、岩周处分布着百余个小泉眼，注水浸漶，或滴或流，淅沥如雨，闻之如雨声，明肃靖王将其命名为夜雨岩。自明代起，后五泉即有佛寺矗立，清乾隆、同治年间迭经修葺，嘉庆年间因祈雨有应，又得"灵雨岩"之名：

沿着山顶的一条小径，可蜿蜒而至另一个长有树林的美丽山谷。

---

① ［美］威廉·埃德加·盖洛：《中国十八省府》，沈弘、郝田虎、姜文涛译，山东画报出版社 2008 年版，第 304—305 页。
② 兰州市地方志编纂委员会：《兰州市志》，方志出版社 2019 年版，第 235 页。
③ ［美］威廉·埃德加·盖洛：《中国十八省府》，沈弘、郝田虎、姜文涛译，山东画报出版社 2008 年版，第 305—306 页。

在更低处有别的泉水从同一砂砾层中涌出。但由于风或水的作用，或两者的共同作用，造成了一种奇特的侵蚀现象。一个头顶黄土的砾岩石柱耸立在泉水之上，高达50英尺，几乎形成一个石洞。溪流下游是通往卧桥的冲沟，上游可以看到陡峭的山坡，山坡上密密分布着寺庙，和尚道士在庙里数念珠、念经咒，过着忙碌的生活。①

八 （东郊）宝塔

盖洛虽未曾明确指出"八景"之最后一景的名称，但他描述的古塔立于"兰州东郊""历史不算悠久"，且修筑了"十二层塔"，而清末民初兰州府其余宝塔均遵循奇数层的传统，因此推测他所说的东郊宝塔指始建于明崇祯四年（1631年），位于兰州府城东南角白衣寺院内的白衣寺塔。② 该塔分为塔基、塔身与塔刹三部分，外部采用砖石结构，内部夯土，中心辅以木柱支撑。白衣寺塔较好地融合了喇嘛式与楼阁式两种佛塔的建筑风格，能够反映明代在宗教建筑艺术方面的卓越成就。

---

① ［美］威廉·埃德加·盖洛：《中国十八省府》，沈弘、郝田虎、姜文涛译，山东画报出版社2008年版，第306—307页。
② ［美］威廉·埃德加·盖洛：《中国十八省府》，沈弘、郝田虎、姜文涛译，山东画报出版社2008年版，第307页。

第二章 平凉府

平凉府位于甘肃东部，背倚陇山，得泾水滋、渭水润。据《平凉地区志》记载，前秦建元十二年（376年），苻坚灭前凉，置平凉郡，平凉之名由此而始。金朝大定二十七年（1187年），升渭州为平凉府。① 咸丰九年（1859年），平庆道改为分巡平庆泾固道②，下辖平凉府与庆阳府；同治十二年（1873年），改称平庆泾固化盐法兵备道③，驻地移至平凉；光绪三十三年（1907年），改称分巡平庆泾固化道，所辖府、州、县未变；民国二年（1913年），改称陇东道，废除府、州，州皆改为县，时领十七县④；民国三年（1914年），改陇东道为泾原道，治所在平凉，辖平凉、静宁、隆德、庄浪、泾川、华亭、崇信、灵台、化平、庆阳、镇原、正宁、宁县、合水、环县、固原、海原十七县。⑤

---

① 平凉市地方志编纂委员会、平凉地方志编纂委员会：《平凉地区志》（上），中华书局2011年版，第30、35页。

② 清朝的地方行政区域划分为省、道、府、县四级，其中"道"的职责分为"分守"与"分巡"两种，分守道管理收纳钱粮诸事，分巡道管理刑名诉讼诸事。——作者注

③ 明朝时，在边疆及各省要冲地区设置的整饬兵备的按察司分道称为兵备道，清朝沿置，多由守、巡二道兼任。——作者注

④ 1913年，中华民国临时政府颁布一系列法令，将清代的直隶州、直隶厅及州、厅全部改编为县，确立了省、道、县三级行政区制度。——作者注

⑤ 平凉市地方志编纂委员会、平凉地方志编纂委员会：《平凉地区志》（上），中华书局2011年版，第90—91页。

第一节 府城及周边

平凉府城（图2-1）坐落其所辖之地的东部，距西安660支里，泾州50支里。①

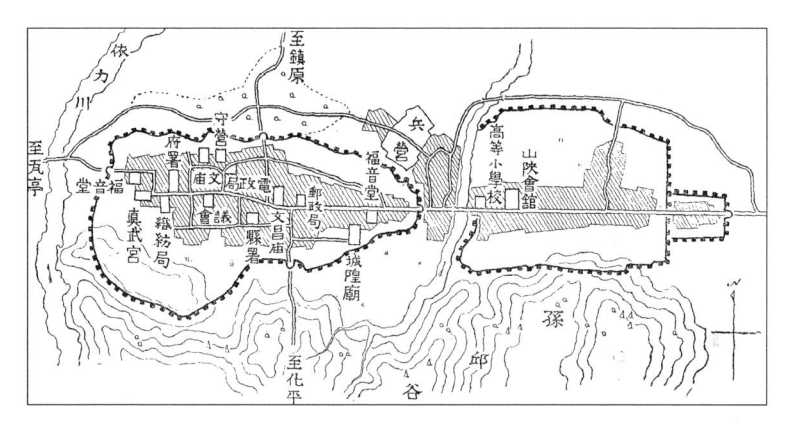

图2-1 平凉府城方位图，东亚同文会绘②

府城横跨陇山，北有六盘山雄踞，东、南两侧崆峒山耸立，山势延绵，似骏马奔腾。城南山丘连绵不绝，蜿蜒延伸至城内。平均海拔4460尺，较于西安府城高出2600尺。泾水自平凉府城以北10支里处滚滚东流。③

府城坐拥东、南、西、北四座城门，东门置外城。城内含东关庙、城庙两条主道。④居民3000余户，其中不乏陕西省豪商大贾。⑤府衙包

---

① 東亜同文会：『中国省別全志——甘粛巻（附新疆省）』，東亜同文会，1918，第162頁。
② 東亜同文会：『中国省別全志——甘粛巻（附新疆省）』，東亜同文会，1918，第163頁。
③ 東亜同文会：『中国省別全志——甘粛巻（附新疆省）』，東亜同文会，1918，第162頁。
④ 東亜同文会：『中国省別全志——甘粛巻（附新疆省）』，東亜同文会，1918，第163—164頁。
⑤ ［日］日野强：《伊犁纪行》，华立译，黑龙江教育出版社2006年版，第53页。

括平凉府衙门、县衙门、总巡警处、警察署、陇东护军使衙门、镇守使衙门、电报局、邮政局、纺织局、兵营；寺庙有城隍庙、文庙、真武宫、文昌宫、福音堂。府城虽经营德丰当、荣盛当等当铺，但货币兑换业务多由山西、陕西商号负责。①

出乎意料的是，台克满用"空旷寂寥"概括城中景象，唯有"穆斯林聚居的东关城却热闹忙碌，商货丰盈的店铺鳞次栉比"。②

第二节　城镇与关隘

一　隆德县、静宁县、固原州

隆德县（图 2-2）距瓦亭关 50 里，西安府城 800 支里，向西 90 支里可达静宁县，北 80 支里至固原州。③

隆德县横踞六盘山余脉之上，海拔 5880 呎④，地势东西开阔，南北靠山。城墙绵亘 9 支里，东、西、南、北各置城门，城中有 800 户居民，合计 4000 人。城南多聚集官衙，城北商贾云集，两处均设街市，繁华喧嚣，城中略显荒凉。城内建筑包括县署（条件简陋，"几乎没法入住"⑤）、城隍庙（禁烟分会）、万寿宫（县议会）、畜税处、孔子庙、小学堂。⑥

隆德县的农牧业发展滞后，农民多种植小麦、燕麦。相形之下，畜牧业稍显乐观，城南设羊行和猪行。商业方面，唯服装贩卖初具规模。

---

① 東亜同文会：『中国省别全志——甘粛卷（附新疆省）』，東亜同文会，1918，第 164—166 页。

② ［英］台克满（Eric Teichman）：《领事官在中国西北的旅行》，史红帅译，上海科学技术文献出版社 2013 年版，第 96 页。

③ 東亜同文会：『中国省别全志——甘粛卷（附新疆省）』，東亜同文会，1918，第 175 页。

④ 英尺旧称。——作者注

⑤ ［英］台克满（Eric Teichman）：《领事官在中国西北的旅行》，史红帅译，上海科学技术文献出版社 2013 年版，第 98 页。

⑥ 東亜同文会：『中国省别全志——甘粛卷（附新疆省）』，東亜同文会，1918，第 175—177 页。

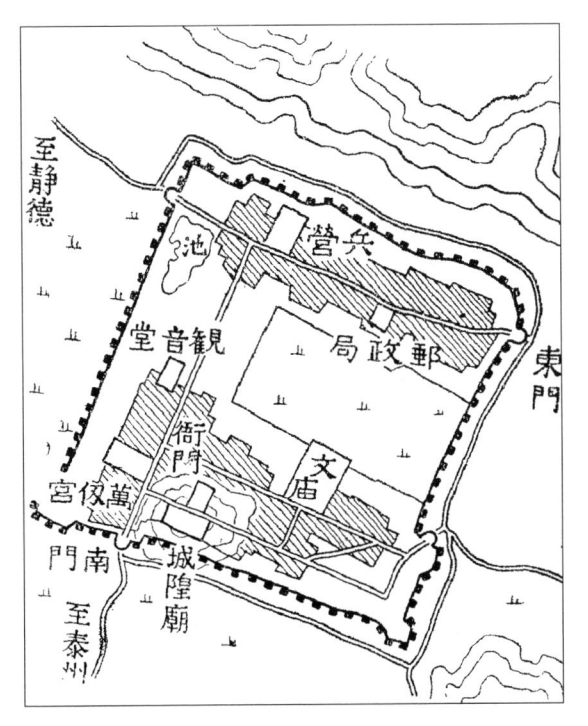

图 2-2 隆德县城方位图,东亚同文会绘①

"银钱重量换算比率:一斤可兑换一百五十五匁余二分,一吊文可兑换一千二百八十文,一两银可兑换三百文"。隆德县还兴办十家马店、一处邮政代办局,邮路可至静宁、庄浪和平凉县城。②

静宁县③地处平凉府西南部高原之上,毗邻苦水,海拔 5880 尺;距平凉府 230 支里、固原州北部 170 支里。东部与南部山丘绵延环绕,西

---

① 東亜同文会:『中国省別全志——甘粛巻(附新疆省)』,東亜同文会,1918,第 176 頁。
② 東亜同文会:『中国省別全志——甘粛巻(附新疆省)』,東亜同文会,1918,第 176—177 頁。
③ 1913 年,全国废除"州"一级行政区划,静宁州、固原州分别改为静宁县、固原县。但在东亚同文会 1918 年版《中国省别全志——甘肃卷(附新疆省)》中,存在州、县混用现象,本节所涉内容保留原著用法,写作"静宁县"和"固原州"。——作者注

北部地势渐趋平坦。当地土壤以黄土为主，但六盘山以西至静宁县一带却是粘性不足、易破碎的红土。①

晚清民初时期，静宁县共有居民1000户，人口达5000之众，城中建筑密集，少有空地，东门至西门熙来攘往，人流如织。城内设州衙门、县衙门、能够容纳200名士兵的军营房、一所高等小学堂、四所初等小学堂，以及关帝庙、城隍庙、紫极观、昭化寺、清真寺、马王庙、万寿宫、财神庙等诸多庙宇。市场设于东、西关外，客商云集，规模之大在当地实属罕见。②

固原州地处平凉府腹地，主城区人口近5000③。周边居住的回族民众与汉人相比，其相貌、头发、瞳色迥乎不同，"好像混入了白色人种的基因"，此外回族人"团结，善武"。④

固原州的土质干松，对农业的发展造成不小挑战，这里只种植少量小米、荞麦等农作物，难以形成规模化的农业，但畜牧业较为发达。由于城市功能限制，其商业几乎无瞩目之处，唯南关的本土商贩云集，零售业昌旺，各类商品中尤以洋布的输入量为最。⑤

二 高家堡、将台堡、张义堡、瓦亭关

高家堡（图2-3、图2-4）位于海拔5850支里的平缓地带，属静宁县，紧邻巩昌府，距西安府城941支里，向东51支里可至静宁县，向西39支里达青家堡。

---

① 東亜同文会：『中国省別全志——甘肃卷（附新疆省）』，東亜同文会，1918，第170—171頁。

② 東亜同文会：『中国省別全志——甘肃卷（附新疆省）』，東亜同文会，1918，第171—172頁。

③ [美]罗伯特·斯特林·克拉克、阿瑟·德·卡尔·索尔比：《穿越陕甘：1908—1909年克拉克考察队华北行纪》，C. H. 切普梅尔编，史红帅译，上海科学技术文献出版社2010年版，第63页。

④ 東亜同文会：『中国省別全志——甘肃卷（附新疆省）』，東亜同文会，1918，第179頁。

⑤ 東亜同文会：『中国省別全志——甘肃卷（附新疆省）』，東亜同文会，1918，第178頁。

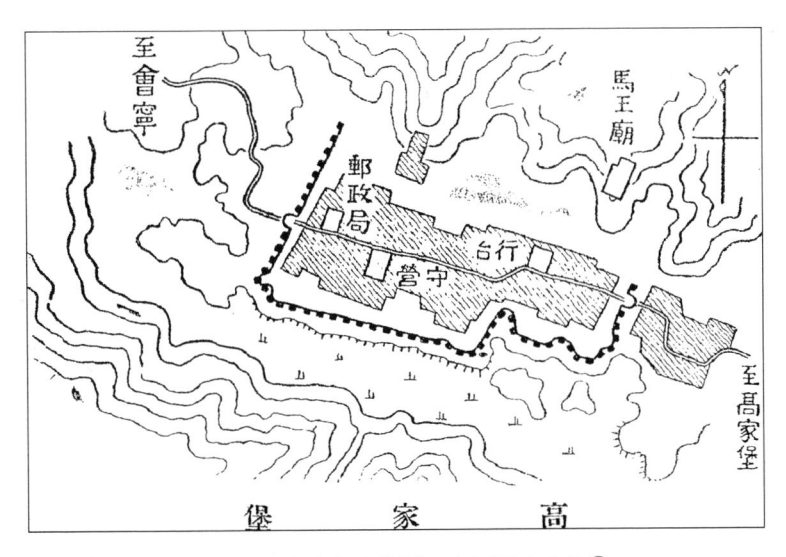

图2-3 高家堡方位图,东亚同文会绘①

图2-4 高家堡窑洞,迈耶1915年摄②

---

① 東亜同文会:『中国省別全志——甘粛巻(附新疆省)』,東亜同文会,1918,第173頁。
② 卞修跃:《西方的中国影像(1793—1949)弗兰克·迈耶卷》(第二册),黄山书社2015年版,第148页。

高家堡仅70户居民，约350人口，驻守30名士兵。主要建筑物包括高家堡官厅、行台、关帝庙。由于地处盐碱地带，居民常依赖雨水作为饮用水源，或从高家堡以西的地方汲水。城中工商业落后，只有马店、饭馆、面馆等十余家店铺。①

濒临苦水河岸的将台堡（图2-5）建筑风格讲究②，由高、低两条堡墙环护，低处堡墙置有两座堡门，在堡门之间一条平整宽阔的街道两侧，民居整齐排列；高处堡墙大同小异。可见当初设计者独具匠心③。

图2-5 将台堡景色，道格拉斯等1909年摄④

---

① 東亜同文会：『中国省別全志——甘粛卷（附新疆省）』，東亜同文会，1918，第173—174頁。

② [美] 罗伯特·斯特林·克拉克、阿瑟·德·卡尔·索尔比：《穿越陕甘：1908—1909年克拉克考察队华北行纪》，C. H. 切普梅尔编，史红帅译，上海科学技术文献出版社2010年版，第64页。

③ [美] 罗伯特·斯特林·克拉克、阿瑟·德·卡尔·索尔比：《穿越陕甘：1908—1909年克拉克考察队华北行纪》，C. H. 切普梅尔编，史红帅译，上海科学技术文献出版社2010年版，第80页。

④ Robert S. Clark and Arthur de C. Sowerby, *Through Shan-Kan：The Account of the Clark Expedition in North China 1908 - 9*, London and Leipsic：T. Fisher Unwin, 1912, p. 100.

张义堡距固原州 20 英里，建于旧寨遗址之上，村庄内仅存约 20 间摇摇欲坠的危房。①

瓦亭关（图 2-6）位于平凉府城西北方向 90 支里，距固原州 80 支里，隆德县 50 支里②，北依狭谷，南临嘉峪关、阳关、玉门关三处要塞，群峰环绕。

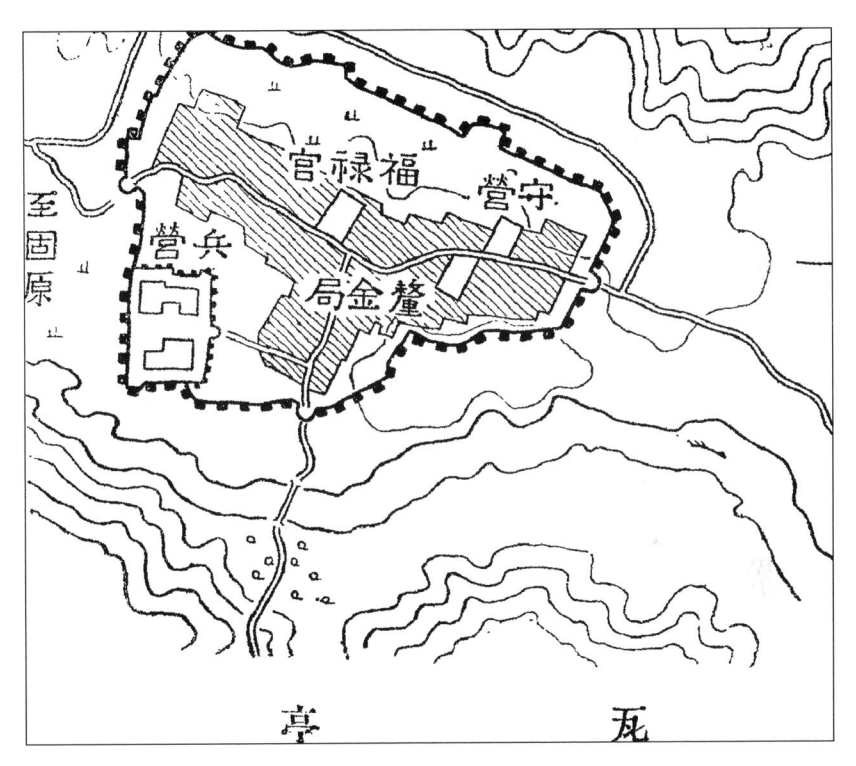

图 2-6　瓦亭关方位图，东亚同文会绘③

---

① ［美］罗伯特·斯特林·克拉克、阿瑟·德·卡尔·索尔比：《穿越陕甘：1908—1909 年克拉克考察队华北行纪》，C. H. 切普梅尔编，史红帅译，上海科学技术文献出版社 2010 年版，第 64 页。

② 東亜同文会：『中国省别全志——甘肃卷（附新疆省）』，東亜同文会，1918，第 167—168 页。

③ 東亜同文会：『中国省别全志——甘肃卷（附新疆省）』，東亜同文会，1918，第 168 页。

瓦亭关屹立于海拔 6450 尺的高地之上，地势北高南低。① 虽居险要之地，却是满眼萧条冷落之景，徒留 150 户人家栖居于此，人口不足 500。关内建福禄宫、关帝庙、武威堡（驻兵 50 人）、固原厘金局（瓦亭分局）、两三家马店和两座钱庄等。在钱庄，一吊钱可兑换 1300 文，一两白银兑换 1320 文。②

---

① 東亜同文会：『中国省別全志——甘粛卷（附新疆省）』，東亜同文会，1918，第 168 頁。
② 東亜同文会：『中国省別全志——甘粛卷（附新疆省）』，東亜同文会，1918，第 169 頁。

第三章　巩昌府

巩昌府，原隶属陕西布政使司①，康熙七年（1668年），陕西行省归甘肃，共辖八县、一散州、一散厅②：陇西县、安定县（今定西市安定区）、会宁县、通渭县、宁远县（今武山县）、伏羌县（今甘谷县）、西和县、漳县、岷州（今岷县）、洮州厅（今临潭县）。③

第一节　府城及周边

巩昌府位于黄土高原中部，荒芜单调的景色让西人略感乏味④。"粗疏脆散"的土质致使当地的民居多由泥土垒成⑤，加之植被覆盖率低，这里常遭暴风侵袭，莱斯顿甚至认为宁远小镇对面山峰上红、白色的宝塔都是为供奉沙漠、狂风、暴雨的魔鬼而建的⑥。

巩昌府城（图3-1）分内、外两城。内城设东、西、南、北四门，

---

① 布政使司，明、清时的地方政权机关，主管一省的人事和财政。——作者注

② 清代的散州、散厅与县属同级，均隶属于府。——作者注

③ 鲁泽：《陇西史话》，甘肃文化出版社2008年版，第5—6页。

④ ［英］台克满（Eric Teichman）：《领事官在中国西北的旅行》，史红帅译，上海科学技术文献出版社2013年版，第115页。

⑤ ［日］日野强：《伊犁纪行》，华立译，黑龙江教育出版社2006年版，第56页。

⑥ ［英］德·莱斯顿：《从北京到锡金——穿越鄂尔多斯、戈壁滩和西藏之旅》，王启龙、冯玲译，西藏人民出版社2003年版，第127页。

县署、官衙、庙宇和市政机构多位于内城西南角；外城无东门，东部建有清真寺。①

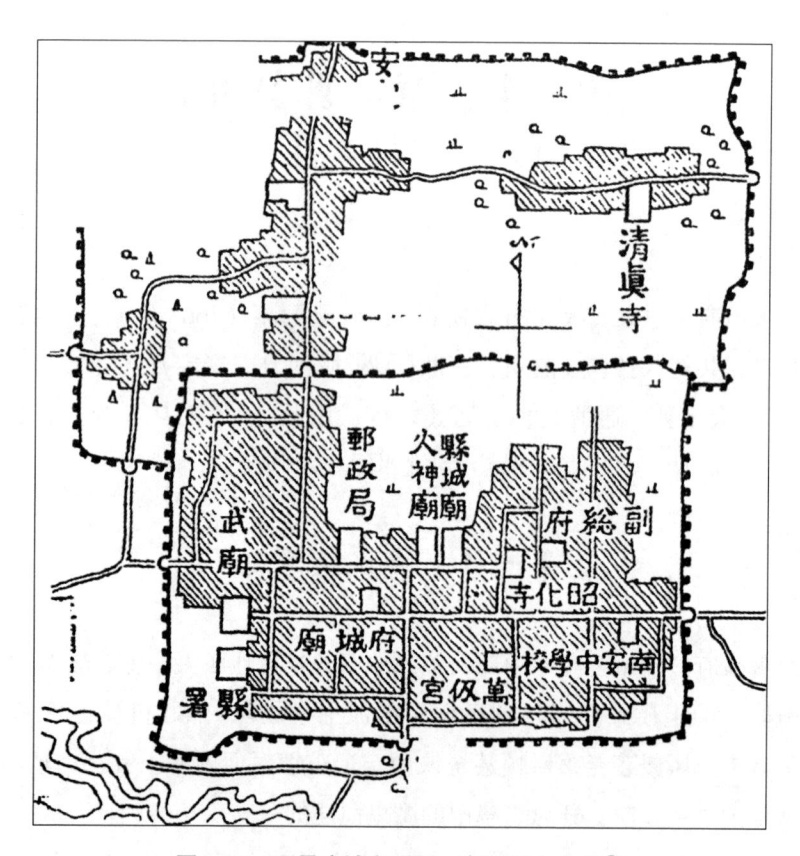

图 3-1　巩昌府城方位图，东亚同文会绘②

作为巩昌府辖内最重要的县城之一，会宁县（图 3-2）坐落于甘肃中部，自古享有"陕甘咽喉""秦陇锁钥"美誉。③ 在西人眼中，会宁县

---

① 東亜同文会：『中国省别全志——甘粛卷（附新疆省）』，東亜同文会，1918，第 186 頁。

② 東亜同文会：『中国省别全志——甘粛卷（附新疆省）』，東亜同文会，1918，第 185 頁。

③ 李志中：《会宁史话》，甘肃文化出版社 2008 年版，第 117 页。

的繁荣程度可与巩昌府城媲美。东门至西门的街道商贸稍显兴盛,且东门内南北走向的主道两旁林立着官吏与富商的宅邸。①

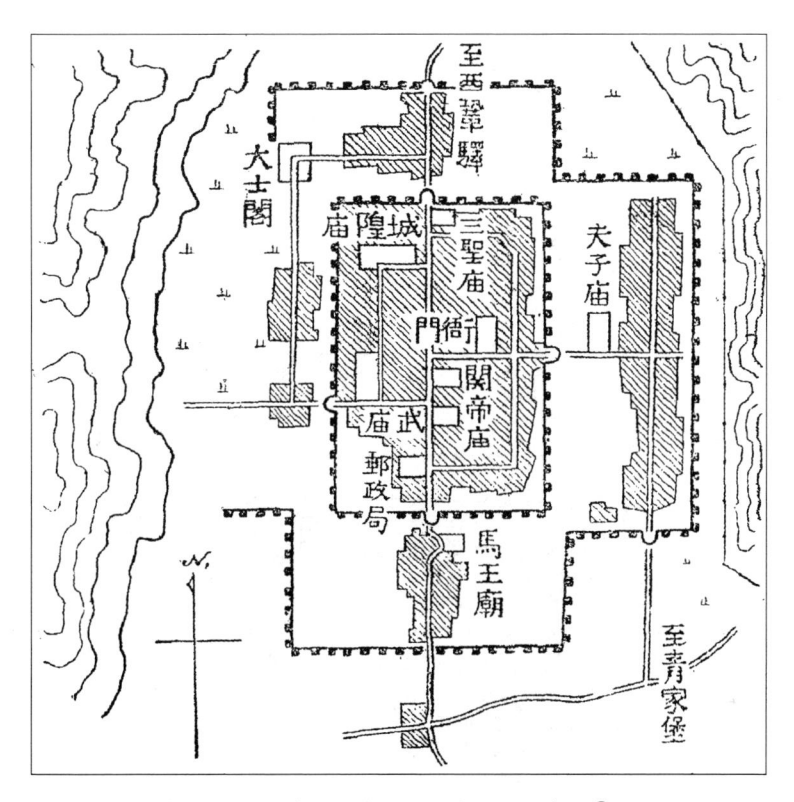

图 3-2 会宁县方位图,东亚同文会绘②

安定县(图 3-3)"位于三条谷地交汇处的一座重镇,控制着数条东通西达、南来北接的道路,以前曾是重要的军事中心"③。城内要道呈

---

① 東亜同文会:『中国省別全志——甘粛卷(附新疆省)』,東亜同文会,1918,第 193 頁。

② 東亜同文会:『中国省別全志——甘粛卷(附新疆省)』,東亜同文会,1918,第 193 頁。

③ [英]台克满(Eric Teichman):《领事官在中国西北的旅行》,史红帅译,上海科学技术文献出版社 2013 年版,第 102 页。

东西走向。① 城外"虽然丘陵变得越来越贫瘠，但是能够得以灌溉的谷地看上去却是绿意盎然、肥沃滋润"②。

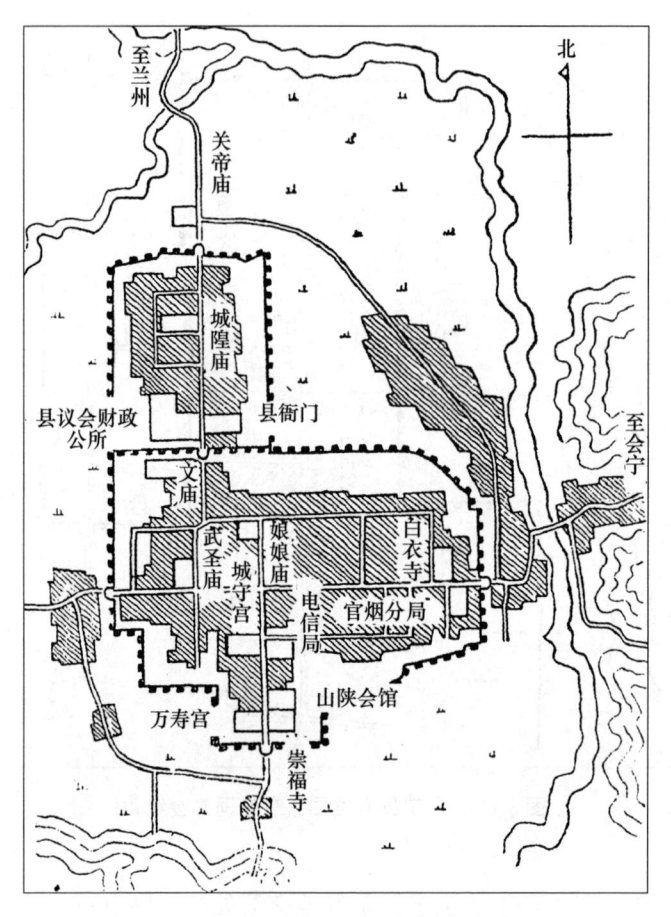

图 3-3 安定县方位图，东亚同文会绘③

---

① 東亜同文会：『中国省别全志——甘肃卷（附新疆省）』，東亜同文会，1918，第 189 頁。

② ［英］台克满（Eric Teichman）：《领事官在中国西北的旅行》，史红帅译，上海科学技术文献出版社 2013 年版，第 102 页。

③ 東亜同文会：『中国省别全志——甘肃卷（附新疆省）』，東亜同文会，1918，第 189 頁。

岷州与洮州厅，作为巩昌府辖内的散州和散厅，在规模上相较于其他县城稍显逊色。马达汉到访岷州时感慨万分："城里面空荡荡的，房子很少，比我过去见到过的任何一个中国城市都少……"① 但台克满却畅言，这座"位于洮河右岸的小城"——岷州，热闹非凡；洮州厅则是"一座无足轻重的空壳城镇"，城内房屋近半数惨遭损毁②，破败不堪。

第二节　农牧与商贸

因深居西北内陆，长期受半干旱气候影响，巩昌府以种植耐旱农作物为主，如小麦、大麦、荞麦、青稞、粟米、糜子、莜麦（图3-4）等。③

图 3-4　洮州厅农村晾晒的莜麦，迈耶 1914 年摄④

---

① [芬] 马达汉：《马达汉西域考察日记（1906—1908）》，王家骥译，中国民族摄影艺术出版社 2004 年版，第 485 页。
② [英] 台克满（Eric Teichman）：《领事官在中国西北的旅行》，史红帅译，上海科学技术文献出版社 2013 年版，第 114—115 页。
③ 東亜同文会：『中国省别全志——甘粛卷（附新疆省）』，東亜同文会，1918，第 199 页。
④ 卞修跃：《西方的中国影像（1793—1949）弗兰克·迈耶卷》（第二册），黄山书社 2015 年版，第 135 页。

此外，下辖的西和县主产玉米，酿酒业声名远播①；宁远县出产稻米，但品质不佳②。

巩昌府一带所产药材远近闻名。据马达汉统计，仅宁远县一地，出产的柴胡、升麻、党参、地黄、羌活、秦艽、甘草、麻黄、乌药等药材，年外销额就可达20000至30000两白银。③

由于地广民稀，草场丰腴，巩昌府辖内各州、县、厅养殖的牲畜多以羊、驴、骡子和牛为主，所谓"天水、陇西、北地、上郡与关中同俗，然西有羌中之利，北有戎翟之畜，畜牧为天下饶"④。1908年的统计数据显示，洮州厅养殖30000至40000只羊、8000至9000头驴、6000至7000头骡子、5000至6000头牛以及1000匹马⑤；岷州地区的畜牧规模更加可观——成百上千的马、骡子和驴，数万头牛和数十万只羊⑥。较之兰州府，巩昌府的畜牧类产品价格更低，如安定县"一件羊毛的价格在三十钱左右，若在兰州府购买，要足足二两白银"⑦。

巩昌府辖内的各县城店铺林立⑧，商贩络绎不绝，但多以经营杂货

---

① 東亜同文会：『中国省別全志——甘粛卷（附新疆省）』，東亜同文会，1918，第203頁。

② 東亜同文会：『中国省別全志——甘粛卷（附新疆省）』，東亜同文会，1918，第199頁。

③ [芬]马达汉：《马达汉西域考察日记（1906—1908）》，王家骥译，中国民族摄影艺术出版社2004年版，第495页。

④ 司马迁：《史记全本新注》（第五册），张大可注，华中科技大学出版社2020年版，第2214页。

⑤ [芬]马达汉：《马达汉西域考察日记（1906—1908）》，王家骥译，中国民族摄影艺术出版社2004年版，第481页。

⑥ [芬]马达汉：《马达汉西域考察日记（1906—1908）》，王家骥译，中国民族摄影艺术出版社2004年版，第486—487页。

⑦ 東亜同文会：『中国省別全志——甘粛卷（附新疆省）』，東亜同文会，1918，第190—191頁。

⑧ [美]罗伯特·斯特林·克拉克、阿瑟·德·卡尔·索尔比：《穿越陕甘：1908—1909年克拉克考察队华北行纪》，C. H. 切普梅尔编，史红帅译，上海科学技术文献出版社2010年版，第162页。

等零售业为主①，无法形成规模。反观洮州厅和岷州，因特殊的地理位置，在汉藏贸易中发挥了重要作用（图3-5展示了洮州厅附近藏族村庄的繁荣景象）。

图3-5　洮州厅以西的藏族村庄，台克满1916年摄②

作为"汉藏土产交易的中心"，洮州厅在甘肃的地位堪称四川打箭炉③和松潘④，但不同的是，洮州厅的贸易活动畅通无阻，丝毫不受汉藏冲突的影响。往来汉人多以马具、靴子、枪支、毛毡等物品交换羊毛、

---

① 東亜同文会：『中国省别全志——甘粛卷（附新疆省）』，東亜同文会，1918，第194頁。

② Eric Teichman, *Travels of A Consular Officer in North-West China*, Cambridge: Cambridge University Press, 1921, p. 135.

③ 今四川省康定县，属雅州府，地处打曲（雅拉河）和折曲（折多河）两河交汇处，藏语"达折渚"，谐音"打箭炉"。相传诸葛亮南征时，遣将郭达安炉打箭于此，故名。——作者注

④ 今四川省阿坝藏族羌族自治州辖县。位于青藏高原东缘，阿坝藏族羌族自治州东北部。明朝洪武时期先后设"松州卫""潘州卫"并"松潘卫"，松潘由此而得名。——作者注

兽皮、砂金、药材、鹿茸、藏香及其它高原特产。①此外，用特有鸟类羽毛制作的官帽翎饰闻名遐迩，年销售额达200万两白银。②

岷州的情况与洮州厅相仿。因与藏区接壤，自汉唐以降，当地羌、藏两族与汉民以马易茶。清代伊始，岷州更是成为西北五个茶马司③的所在地之一④，被台克满视作"汉人与其西面的青海藏民之间的贸易中心"⑤，主要外销产品包括蜂蜜、大黄、牛黄、当归、麝香等中药材⑥。

---

① [英]台克满（Eric Teichman）：《领事官在中国西北的旅行》，史红帅译，上海科学技术文献出版社2013年版，第117页。
② [芬]马达汉：《马达汉西域考察日记（1906—1908）》，王家骥译，中国民族摄影艺术出版社2004年版，第481页。
③ 官署名，专司以茶易马的职能。——作者注
④ 张福宏：《岷县史话》，甘肃文化出版社2009年版，第34—35页。
⑤ [英]台克满（Eric Teichman）：《领事官在中国西北的旅行》，史红帅译，上海科学技术文献出版社2013年版，第114页。
⑥ [芬]马达汉：《马达汉西域考察日记（1906—1908）》，王家骥译，中国民族摄影艺术出版社2004年版，第485页。

第四章 庆阳府

庆阳府地处黄土高原中部,境内河流将其分割为 12 条大塬①,逶迤近 60 余里。府城东、西、北部三面环山,环江与柔远河环绕其间,多处城墙建于陡壁之上,庆阳府城门前天然的 150 码宽山涧使得城池固若金汤,足以媲美欧洲古堡。②

第一节 府城及周边

明代伊始,庆阳城为庆阳府治,驻重兵。屯田制使得"天下兵卫邻近闲旷之地,皆分田为屯"。明洪武年间,移民政策的实施为移民者提供了土地。此举之下,不少川、陕民众涌入庆阳府。清同治后,庆阳府所辖地区自然灾害频发,加之战乱不断,经济逐渐萧条,民众生活困顿。

1908 年,克拉克考察队行至庆阳府城,眼见多是废弃建筑,"粗略估算一下,现在的人口至多 1000 人"。③ 原本宽阔气派的衙门也变

---

① 黄土高原地区因水流冲刷而形成的一种地貌,四周陡峭,顶上平坦。——作者注

② [英] C. D. 布鲁斯:《走出西域——沿着马可·波罗的足迹旅行》,周力译,海潮出版社 2000 年版,第 237—238 页。

③ [美] 罗伯特·斯特林·克拉克、阿瑟·德·卡尔·索尔比:《穿越陕甘:1908—1909 年克拉克考察队华北行纪》,C. H. 切普梅尔编,史红帅译,上海科学技术文献出版社 2010 年版,第 61 页。

得颓朽。① 城区空无一家铁匠铺，因此考察队的马匹不得不前往延安府更换蹄铁②。城内如此，城外更加破败。"一个由窑洞构成的村落……令人不禁想起石器时代。"③ 儿童"赤裸着身体、脏兮兮……急切地接过我们递给他们的饼干和糕点……看上去营养不良"④。

西人对周边州县的考察多涉及合水县城。克拉克探险队由陕入甘后，沿一条路况较佳的骡车道，顺马莲河右岸向下，穿过一片树木稀疏的乡野，到达合水县⑤。县城位于谷地之中，四周城墙环护，但鲜有村庄。⑥

尽管庆阳府城区及其周边地区饱受动乱之苦，但对黄土沟峁的生态恢复有所裨益，西人沿途目之所及，一片生机：

> 长期闲荒的黄土丘陵上长满了如同热带植物一样茂盛的各类植被。只有到了河谷中，才会看到耕作的痕迹。在河谷间、溪流旁会看到很多种宜于狩猎的鸟类，包括野鸡、鹌鹑、鹈和多种野鸭，很多狍子在丘陵上出没。野猪的踪迹随处可见，在有些地方还能看到

---

① [英] C. D. 布鲁斯：《走出西域——沿着马可·波罗的足迹旅行》，周力译，海潮出版社 2000 年版，第 238—239 页。

② [美] 罗伯特·斯特林·克拉克、阿瑟·德·卡尔·索尔比：《穿越陕甘：1908—1909 年克拉克考察队华北行纪》，C. H. 切普梅尔编，史红帅译，上海科学技术文献出版社 2010 年版，第 83 页。

③ [美] 罗伯特·斯特林·克拉克、阿瑟·德·卡尔·索尔比：《穿越陕甘：1908—1909 年克拉克考察队华北行纪》，C. H. 切普梅尔编，史红帅译，上海科学技术文献出版社 2010 年版，第 81—82 页。

④ [美] 罗伯特·斯特林·克拉克、阿瑟·德·卡尔·索尔比：《穿越陕甘：1908—1909 年克拉克考察队华北行纪》，C. H. 切普梅尔编，史红帅译，上海科学技术文献出版社 2010 年版，第 82 页。

⑤ [美] 罗伯特·斯特林·克拉克、阿瑟·德·卡尔·索尔比：《穿越陕甘：1908—1909 年克拉克考察队华北行纪》，C. H. 切普梅尔编，史红帅译，上海科学技术文献出版社 2010 年版，第 159 页。

⑥ [美] 罗伯特·斯特林·克拉克、阿瑟·德·卡尔·索尔比：《穿越陕甘：1908—1909 年克拉克考察队华北行纪》，C. H. 切普梅尔编，史红帅译，上海科学技术文献出版社 2010 年版，第 60 页。

狼和豹子留下的足迹。①

在离开庆阳府的途中，布鲁斯也发现"四周的地形起了彻底显著的变化……沿路走的低矮的河岸上覆盖着绿油油的草皮，山谷的坡上生长着树木和灌木，整个地区似乎在很大程度上脱离了黄土地势的特征"；橡树、山楂树、野杏树、雪松、长青树、丁香和许多灌木生长繁茂；野鸡数量比中国其他地方都多，"有的在河岸上晒太阳，有的猛地从这个山坡飞到对面的山坡上"②，自由自在，生机勃勃。

庆阳府属温带季风气候，有着明显向大陆性气候过渡的特征，四季分明，光照充足，且黄土塬③平坦宽阔，土壤肥沃，为农业发展提供了良好条件，无愧为中国农耕文明的发祥地之一。此地，冬小麦和春小麦交错种植，还有糜、谷、大麦、水稻、高粱、各种油料作物以及多种水果蔬菜。到了清中后期，玉米、马铃薯和棉花也引入庆阳府。此外，庆阳府一带还饲养棉羊，但畜牧业只是民众农余后的副业。④

第二节 考古遗址

1914年，法国博物学家、考古学家桑志华（图4-1）踏上中国大地，开启了长达25年的田野考察和考古调查之旅，足迹遍及中国北方诸省，采集了地质和古生物标本几十万件。

---

① ［美］罗伯特·斯特林·克拉克、阿瑟·德·卡尔·索尔比：《穿越陕甘：1908—1909年克拉克考察队华北行纪》，C. H. 切普梅尔编，史红帅译，上海科学技术文献出版社2010年版，第83页。

② ［英］C. D. 布鲁斯：《走出西域——沿着马可·波罗的足迹旅行》，周力译，海潮出版社2000年版，第225—226页。

③ 顶面平坦宽阔的黄土高地，又称黄土台地，周围分布着深切沟谷，面积较大的塬有陇东董志塬、陕北洛川塬和甘肃会宁县白草塬。黄土塬是黄土地貌中相对完整的地貌形态，在平整的塬面上通常可以发展种植业。——作者注

④ 東亜同文会：『中国省别全志——甘粛卷（附新疆省）』，東亜同文会，1918，第552頁。

1919年6月，桑志华在今华池县王嘴子乡赵家岔、上里原乡柳树河及五蛟乡（时均属庆阳县管辖）一带（图4-2）首次挖掘出形似手斧的化石——石核（图4-3）。

图4-1 桑志华肖像照①　　图4-2 王家嘴赵家岔洞洞沟②

图4-3 甘肃庆阳幸家沟斧形石器③

---

① 源自天津自然博物馆网站，前身为北疆博物院，建院初期称为黄河白河博物馆，由桑志华创办。（http://www.tjnhm.com/comone.aspx? tid＝1）。——作者注
② 郭文奎：《庆阳史话》，甘肃文化出版社2007年版，第38页。
③ 图源自天津自然博物馆网站（http://www.tjnhm.com/tuwenlist.aspx? tid＝2）。——作者注

在距庆城县 35 公里之遥的赵家岔，他展开第二次挖掘工作，从黄土层底部的沙砾层中发现了另外两件旧石器（图 4-4）。

图 4-4　王咀子赵家岔洞洞沟发掘出土的石片刮削器①

在这些珍贵的旧石器中，石核属旧石器时代晚期产物，距今 1.8 万至 1.5 万年；石刮削器属旧石器中期，可追溯至 10 万年前，是中国境内首批出土的旧石器，也是中国发现最早的旧石器标本②。

此外，桑志华还在柳树河、辛家沟流域发掘出中国麒麟鹿、三趾马和鬣狗等三大类晚第三纪③动物骨骼化石。这些化石的发现，打破了以往"中国没有旧石器时代"的错误论断，为中国古人类学和旧石器时代考古学研究提供新的视角和丰富的物证。

---

① 郭文奎：《庆阳史话》，甘肃文化出版社 2007 年版，第 39 页。
② 郭文奎：《庆阳史话》，甘肃文化出版社 2007 年版，第 37 页。
③ 晚第三纪（Neogene Period，距今 2330 万年—164 万年），第三纪的晚期，又称新第三纪，即新近纪。——作者注

第五章 宁夏府

宁夏府自古便是中国北部边防重地,享"关中屏障,河陇咽喉"之称。明朝时设宁夏卫,派巡抚驻守此地。清初因沿袭明朝卫所制度,隶属陕西布政司,于甘肃、宁夏分设巡抚,辖制卫、所并存。雍正二年(1724年),裁撤宁夏巡抚,改卫所为府县,划归甘肃管辖。至清末,下辖宁夏县、宁朔县、平罗县、中卫县和灵州直隶州,辖境涵盖今宁夏北部的引黄灌区。民国二年(1913年),改称朔方道,又称宁夏道。①

第一节 府城及周边

宁夏府东临华北,西靠黄土高原,南依六盘山和秦巴山地,北依黄河。地形呈东北高、西南低的走势。1904—1905年,莱斯顿自北京出发,一路向西,途径宁夏府中卫县时发现:

> 在北面和西面不超过7英里处的范围内,总会形成环绕小城的高高的沙山,而且处于不停的变化之中,这种景观我以前从未见过。这些沙子堆积成的山脊走向,都是从东向西延展。据我估计,

---

① 宁夏百科全书编纂委员会:《宁夏百科全书》,宁夏人民出版社1998年版,第185页。

这里一年到头风向都是稳定地沿着这个方向。在城南，流淌着汹涌澎湃的黄河；城东，是辽阔的平原，黄河从中流淌，切割出了深深的河道。①

1917年，台克满从中卫县启程沿黄河顺流而下，直抵横城堡②、石嘴山等地。据他后来描述：

> 位于黄河右岸的横城堪谓宁夏的"码头"，正处在万里长城、由太原经绥德前往宁夏的大道以及黄河三者相接之处。在横城的背面，是一片荒无人烟的沙丘，地势较高，这里也是鄂尔多斯沙漠的起点。黄河在这一带宽约3/4英里，可以摆渡而过。宁夏就位于河对岸深入40里的腹地……石嘴山所处的黄河左岸这一带，正是阿拉善山脉和鄂尔多斯的一列低矮山脉与黄河的交接之地，河身缩窄，宽仅几百码。周围全是荒凉的山丘。③

宁夏府城（图5-1）留给西人的首要印象是"一座古老的王城"④。1843年，古伯察游历至此，听闻这里曾是西夏王国的国都，往昔十分昌盛，但历经战乱、灾荒等磨难，如今只有城墙保存完好⑤，人口也在

---

① ［英］德·莱斯顿：《从北京到锡金——穿越鄂尔多斯、戈壁滩和西藏之旅》，王启龙、冯玲译，西藏人民出版社2003年版，第83页。
② 宁夏明长城河东段的西起点，在今灵武市临河乡横城（黄河东岸），在明清两代是重要的兵屯重镇和黄河军事渡口。——作者注
③ ［英］台克满（Eric Teichman）：《领事官在中国西北的旅行》，史红帅译，上海科学技术文献出版社2013年版，第166、168页。
④ 耿昇：《法国遣使会士古伯察的入华之行》，载古伯察《鞑靼西藏旅行记》（第二版），中国藏学出版社2012年版，第14页。
⑤ ［法］古伯察：《鞑靼西藏旅行记》（第二版），耿昇译，中国藏学出版社2012年版，第279—280页。

1862年时从60000骤降到12000至15000。① 莱斯顿、赫定等人亦感慨宁夏府昔日的繁华已荡然无存。

图 5-1 宁夏府城，赫定1897年绘②

但盖洛于1909年行经宁夏府城时，却被两座雄伟、庄严的宝塔（图5-2）深深吸引："此塔结合了当地人的技艺和富有艺术性的设计，具有浓郁的东方建筑风格，足以引起观赏者的赞叹。"③

---

① [瑞典]斯文·赫定：《穿过亚洲》（下卷），王蓓译，新疆人民出版社2013年版，第914—915页。
② Sven Hedin, *Through Asia* (Vol. II), London: Methuen & Co., 1898, p.1243.
③ [美]威廉·埃德加·盖洛：《中国长城》，沈弘、恽文捷译，山东画报出版社2006年版，第129页。

图 5-2　宁夏府城南宝塔，盖洛 1909 年摄①

第二节　农牧、经贸与交通

宁夏中部地区的半固定沙丘分布广泛，地表径流量与降水量稀缺，但受宁夏北部黄河的纵贯与贺兰山洪积的滋养，形成了 10000 多平方公里的宁夏平原。这里地势平坦，黄河流经之处土地肥沃②，沙土透气性和排水性良好，日照时间长，昼夜温差大，这些因素共同成就了宁夏平

---

①　William Edgar Geil, *The Great Wall of China: With One Hundred Full-Page Illustrations and Maps*, New York: Sturgis and Walton Company, 1909, p. 147.

②　岳云霄：《清至民国时期宁夏平原的水利开发与环境变迁》，博士学位论文，复旦大学，2013 年，第 23 页。

原作为粮食和瓜果重要产地的盛名，被誉为"塞上江南"①。在这片丰饶的土地上，农产品包括稻米、小麦、黍米、蚕豆、豌豆、杏、苹果、梨、葡萄、西瓜和桃子等。② 这些农产品的价格低廉，从东亚同文会记录的宁夏府物价表可窥探一二（表5-1）：

表5-1　　　　　　　　宁夏府物价③

品类	数量	价格
大米	一斗	九百文
小米	一斗	五百文
黄米	一斗	五百五十文
荞麦	一斗	二百八十文
小豆	一斗	三百文
谷子	一斗	二百六十文
麻	一斤	六十至一百文
羊肉	一斤	一百二十文
盐	一斤	十六文
白糖	一斤	一百九十文
高粱	一斤	三百文
石炭	一斤	八文
猪肉	一斤	一百文
烧酒	一斤	一百二十文
日本布伞	一把	一两六钱

---

　①　岳云霄：《清至民国时期宁夏平原的水利开发与环境变迁》，博士学位论文，复旦大学，2013年，第23—24页。

　②　［瑞典］斯文·赫定：《穿过亚洲》（下卷），王蓓译，新疆人民出版社2013年版，第915页。

　③　東亞同文会：『中国省别全志——甘粛卷（附新疆省）』，東亞同文会，1918，第214—215页。

宁夏府的商贸活动以羊毛、煤炭、瓷器交易为最。赫定将宁夏府视为中国内陆羊毛交易最热络的中心之一。① 清末，这里每年出口60000张羔羊皮。② 由于贸易规模庞大，"天津的羊毛出口洋商在本地的代理人构成了石嘴山的一大团体"，他们将收购的羊毛以骆驼、牛、马等交通工具运至石嘴山，再借黄河航道，凭百余艘长约14丈2尺、宽8尺、深4尺2寸的民船，经五日航行，穿越1200华里（600公里）水路行至包头，再经归化、张家口，抵达天津后，烘干羊毛，再次包装外销。③

煤炭、瓷器的交易同样喜人。台克满在前往中卫县的途中，发现多处峭壁裸露着煤层④。石嘴子附近不仅有丰富的煤矿，还设有大型瓷器作坊，每年都能生产大量形式各异、大小不等的瓷器。⑤

---

① ［瑞典］斯文·赫定：《穿过亚洲》（下卷），王蓓译，新疆人民出版社2013年版，第915页。

② ［美］威廉·埃德加·盖洛：《中国长城》，沈弘、恽文捷译，山东画报出版社2006年版，第135页。

③ ［英］台克满（Eric Teichman）：《领事官在中国西北的旅行》，史红帅译，上海科学技术文献出版社2013年版，第168页。

④ ［英］台克满（Eric Teichman）：《领事官在中国西北的旅行》，史红帅译，上海科学技术文献出版社2013年版，第163页。

⑤ 耿昇：《法国遣使会士古伯察的入华之行》，载古伯察《鞑靼西藏旅行记》（第二版），中国藏学出版社2012年版，第14页。

第六章 西宁府

西宁府设于清雍正三年（1725年），治所居西宁县（今青海省西宁市），隶属甘肃管辖。共领四厅：贵德厅、循化厅、丹噶尔厅、巴燕戎格厅；三县：西宁县、碾伯县、大通县。

第一节 府城及周边

西宁城"坐落在南山平缓的坡面上，四面是宽阔而丰饶的山谷"①。当西人抵达府城后，首见高40英尺、地基厚30英尺、顶部宽15英尺、巍峨耸立的城墙。城墙与堡垒、塔楼、城垛以及四扇城门构成了坚实的防御系统。沿着城垛堆，堆积着大量的白色鹅卵石"以备抵御攻城之用"。府城东门还设有一扇"重达千斤的铁吊门"。北墙则崎岖蜿蜒，"传说就在城墙的修建快要完工时，天降瑞雪，一条巨龙自天而降，盘踞在城墙之上，最终巨大的城墙呈卧龙之状"。②

站在城墙之上，城区布局、建筑特点尽收眼底：城内街道与城墙平行，彼此直角相交，井然有序。衙门沿着穿过城中心的主干道而建，屋

---

① ［美］威廉·埃德加·盖洛：《中国长城》，沈弘、恽文捷译，山东画报出版社2006年版，第271页。

② William Edgar Geil, *The Great Wall of China: With One Hundred Full-Page Illustrations and Maps*, New York: Sturgis and Walton Company, 1909, pp. 327–328.

顶瓦片构成了"一幅堂皇的马赛克拼花图案"①。

城内兴办福利机构、书院学校、执法部队及商业店铺。在三所西式学堂中，两所是高级中学，共有200名学生，但学堂的教习②仅在兰州府受过一年训练，只能提供基础教学，课目包括舆地③、格致④、地质和军事训练。

作为一座军事重镇，西宁府常年驻扎200名骑兵和2000名步兵，因此盖洛评价这里"不仅仅是一个庙宇和衙门之城，它也是一个兵营之城……包括办事大臣在内的官员数量和衙门一样众多"。此外，他还观察到府城内的一所盲人院，盲人每日可在此领取半磅面粉。⑤

图6-1 西宁府的大门之一，赫定1896年绘⑥

---

① ［瑞典］斯文·赫定：《穿过亚洲》（下卷），王蓓译，新疆人民出版社2013年版，第888页。

② 学官名。明代选进士入翰林院学习，称庶吉士，训课庶吉士者曰教习，清代沿用此制。清末兴办学堂，教师沿称为教习。——作者注

③ 中国古代研究地理的学术体系。——作者注

④ 清末将物理、化学等自然科学统称为格致。——作者注

⑤ ［美］威廉·埃德加·盖洛：《中国长城》，沈弘、恽文捷译，山东画报出版社2006年版，第273页。

⑥ Sven Hedin, *Through Asia (Vol. II)*, London: Methuen & Co., 1898, p.1201.

图 6-2　西宁府城内牌楼，赫定 1896 年绘①

贵德厅承袭元代初建形制，但在回民起义中遭受严重损毁，西人留下的录述十分有限。城内商业凋敝，生意人寥寥，常聚集在衙门附近。主要市场位于城外，街道两旁分布汉族土泥结构的店铺。② 碾伯县则被牢固的城墙紧紧包围，城内建筑肮脏破旧。只有民居旁的柏树、栗树和菜园里的蔬菜绿意盎然，为这座城市增添了一抹色彩。③

第二节　民情

河湟多民族走廊地处我国北方蒙古高原游牧文化圈、青藏高原游牧文化圈和中原农耕文化圈的交汇地带，是我国多元族群与文化多样

---

① Sven Hedin, *Through Asia (Vol. II)*, London: Methuen & Co., 1898, p.1205.
② [俄] 科兹洛夫:《死城之旅》，陈贵星译，新疆人民出版社 2001 年版，第 240 页。
③ [俄] 科兹洛夫:《死城之旅》，陈贵星译，新疆人民出版社 2001 年版，第 159 页。

性最为丰富、历史沉淀最为深厚的独特文化区。① 在这片土地上，西宁府于清末民初时期已形成以汉、回、藏、蒙等民族为主体的人口格局。

> 在这里可以看见来自中国各地的人，有从北边和拉萨来的藏人；从鄂尔多斯和柴达木来的蒙古族人；从甘肃和喀什来的回民；有无法知道过去历史的土著人；有一半俄罗斯布里亚特人血统的人；偶尔还会看见一个印度人。他们彼此挤在一起，藏族人的光膀子贴着汉族人的蓝衣衫……大胆的藏族妇女佩戴的尖锐饰品在成堆的汉族人戴的肮脏的红色丝质钮扣的帽子中耸立着。②

西宁府一带的少数民族喜着亮色服饰。女人的背饰尤为注目，这些饰物多由两、三根带子撮成，上面缀满钱币、贝壳、银嘎乌③、绿松石（土耳其玉）、珊瑚饰物及其他物品。相形之下，汉族人的服饰显得极为简朴。妇女多套黑色裤子（好打扮之人会穿紫色裤子）和缝有多色花边的红色短棉，外套蓝色长衫。由于贵德厅汉族女性无需遵循缠脚传统，她们的鞋样与男性无异。但少数爱美女性会特意增厚鞋底，模仿缠足女人的"优美足迹"。④

科兹洛夫察觉这里的男性大多"十分懒惰""行动迟缓且无精打采"；勤快能干的妇女几乎承包了所有的家务和农活。在秋季丰收时节，几百名妇女会一同忙碌于收集干树叶和灌溉农田等劳作。她们步态轻盈

---

① 杨文炯：《人类学视阈下的河湟民族走廊——中华文化多元一体格局的缩影》，《青海民族大学学报》（社会科学版）2015年第1期，第94页。
② ［英］德·莱斯顿：《从北京到锡金——穿越鄂尔多斯、戈壁滩和西藏之旅》，王启龙、冯玲译，西藏人民出版社2003年版，第101—102页。
③ 藏语音译，指护身佛的盒子。——作者注
④ ［俄］彼·库·柯兹洛夫：《蒙古、安多和死城哈喇浩特》，王希隆、丁淑琴译，兰州大学出版社2002年版，第265—266页。

袅娜，对旁人和蔼可亲。① 但彼时女性的社会地位极低、羞耻心较强，因蒙受屈辱而选择自杀的悲剧时有发生，令人痛心：

> 一位刚出嫁不久的妇女在经过一片豆子地时，因受到馋人的豆荚的诱惑，再看看周围一个人也没有，她便采了一篮子准备回家。恰在这时，她身后传来男子宏如响雷般的声音，男子把这位不幸的行窃者大骂一顿之后又给了她一记耳光。回到夫家之后，这位可怜的妇女便扔掉了招致灾祸的豆荚，并且没有在任何人面前露面就消失得无影无踪了，据说，她万分忧郁地在急湍的黄河水中结束了自己的生命。②

此外，由于各民族保留着各自独特的生活习惯，彼此之间不时发生摩擦和冲突，致使近代西宁府在管理上遭遇困难重重。

第三节　农牧与经贸

在黄河及其支流湟水经年累月的冲积与沉积作用下，西宁地区的河流两岸逐渐形成肥沃的平原，在这里人们辛勤垦殖耕种，田野上桑树成行，阡陌纵横③，农作物丰足（图6-3、图6-4）。

西宁县主要出产大麦、小麦、黄豆④。贵德厅种植大麦、小麦、豌豆、黍、葱、萝卜、白菜、豆荚、土豆，还盛产黄瓜、香瓜和西瓜等瓜

---

① ［俄］彼·库·柯兹洛夫：《蒙古、安多和死城哈喇浩特》，王希隆、丁淑琴译，兰州大学出版社2002年版，第265页。
② ［俄］彼·库·柯兹洛夫：《蒙古、安多和死城哈喇浩特》，王希隆、丁淑琴译，兰州大学出版社2002年版，第265页。
③ 贾伟、李臣玲、王淑婕：《试论安多地区多元文化共生格局的特点及其发展趋势》，《中南民族大学学报》（人文社会科学版）2011年第2期，第60页。
④ ［英］台克满（Eric Teichman）：《领事官在中国西北的旅行》，史红帅译，上海科学技术文献出版社2013年版，第153页。

图6-3　湟中康川一家农舍内悬挂的农作物，迈耶1914年摄①

图6-4　康川一所村庄里种植的黄花烟草，迈耶1914年摄②

---

① 卞修跃：《西方的中国影像（1793—1949）弗兰克·迈耶卷》（第二册），黄山书社2015年版，第106页。
② 卞修跃：《西方的中国影像（1793—1949）弗兰克·迈耶卷》（第二册），黄山书社2015年版，第114页。

果①，其中"最有名的是梨树"②，包含三个品种：个大、香甜却不易消化的甜梨、冰冻的"东戈"梨和甜润多汁的"吴阿尔梨"。③在当地，几乎家家户户种植梨树，梨子的价格也因质量和季节的不同有所波动。贵德厅出产的梨、杏、樱桃大多销往西宁府、塔尔寺、兰州府等地，售价十分可观。在贵德厅城郊的居民主要从事畜牧业生产，养殖牛、羊、驴、骡子和马等牲畜，而城内居民主要饲养猪和鸡。④

贵德厅的商贸发展有赖于自身独特的地理位置——地处甘青交界。⑤因此在兰州府—西宁府大道上，商队络绎不绝，"从清晨到深夜不停地来来往往"⑥，"通往拉萨的西宁—青海道是从中国内地前往西藏最常用的交通路线"⑦。

作为大宗羊毛贸易基地，丹噶尔厅和西宁府的羊毛贸易历史悠久，规模可观，相关产品远销至美国。⑧其他商贸产品还包括鹿茸、麝香、黄金⑨、（黄）油、盐、茶叶、金属制品、布匹、帐篷，甚至一些奢侈品

---

① [俄] 科兹洛夫：《死城之旅》，陈贵星译，新疆人民出版社2001年版，第241页。

② [俄] 科兹洛夫：《死城之旅》，陈贵星译，新疆人民出版社2001年版，第241页。

③ "东戈梨"和"吴阿尔梨"可能指"冬果梨"和"软儿梨"，均为湟水谷地普遍栽植的果品。——作者注

④ [俄] 科兹洛夫：《死城之旅》，陈贵星译，新疆人民出版社2001年版，第241—242页。

⑤ [英] 台克满（Eric Teichman）：《领事官在中国西北的旅行》，史红帅译，上海科学技术文献出版社2013年版，第153页。

⑥ [俄] 彼·库·柯兹洛夫：《蒙古、安多和死城哈喇浩特》，王希隆、丁淑琴译，兰州大学出版社2002年版，第171页。

⑦ [英] 台克满（Eric Teichman）：《领事官在中国西北的旅行》，史红帅译，上海科学技术文献出版社2013年版，第153页。

⑧ [英] 台克满（Eric Teichman）：《领事官在中国西北的旅行》，史红帅译，上海科学技术文献出版社2013年版，第154页。

⑨ [英] 台克满（Eric Teichman）：《领事官在中国西北的旅行》，史红帅译，上海科学技术文献出版社2013年版，第153页。

如女性装饰品和火药等①。在交易方式上，当地采用现金交易，也接受易货贸易。游牧者常用原材料换取日常生活所需，有时也会换取奢侈品。有趣的是，一些穷困的游牧者反而为商家带来丰厚利润，因为他们往往变卖家中物品以换取现金，这些物品中不乏稀有、价值连城的珍宝。②

---

① ［俄］科兹洛夫：《死城之旅》，陈贵星译，新疆人民出版社2001年版，第184页。

② ［俄］科兹洛夫：《死城之旅》，陈贵星译，新疆人民出版社2001年版，第163页。

第七章 凉州府

凉州府位于河西走廊之东,毗邻西域,东接中原,不仅是丝绸之路上的重要中转站和贸易通道,更是边防的坚固堡垒,承载"天下要冲、国家藩卫"的重任,被誉为"五凉京华、河西都会",声名远播。清初,承明制,为西宁道;康熙二年(1663年),设凉庄道;雍正二年(1724年),置凉州府;乾隆三十七年(1772年),改道名为甘凉道,辖甘、凉二府;至清末,凉州府领厅一:庄浪茶马厅,县五:武威、镇番(今民勤)、永昌、平番(今永登)、古浪。① 民国十一年(1922年),废府州,分甘肃道为甘凉道和安肃道。山丹、民乐、张掖、抚彝四县归甘凉道辖管,这一区划设置一直沿袭至民国十六年(1927年)。②

第一节 府城及周边

凉州府城坐落于南山与阿拉善沙地之间,绿洲星罗棋布,雪山融水汇聚成一条条河流,与纵横交错的灌渠相互交织。③

凉州府城(图7-1)城墙高6至7庹④,由土砖砌造而成,设垛口

---

① 牛平汉、陈普:《清代政区沿革综表》,中国地图出版社1990年版,第457页。
② 王其英:《武威金石录》,兰州大学出版社2001年版,第371页。
③ [英]台克满(Eric Teichman):《领事官在中国西北的旅行》,史红帅译,上海科学技术文献出版社2013年版,第140页。
④ 1庹=5尺=166.5厘米。——作者注

和雉堞胸墙，另建半圆形城楼，城楼上置炮口。城区内笔直的街道纵横交错，街道两旁房屋密集排列。①

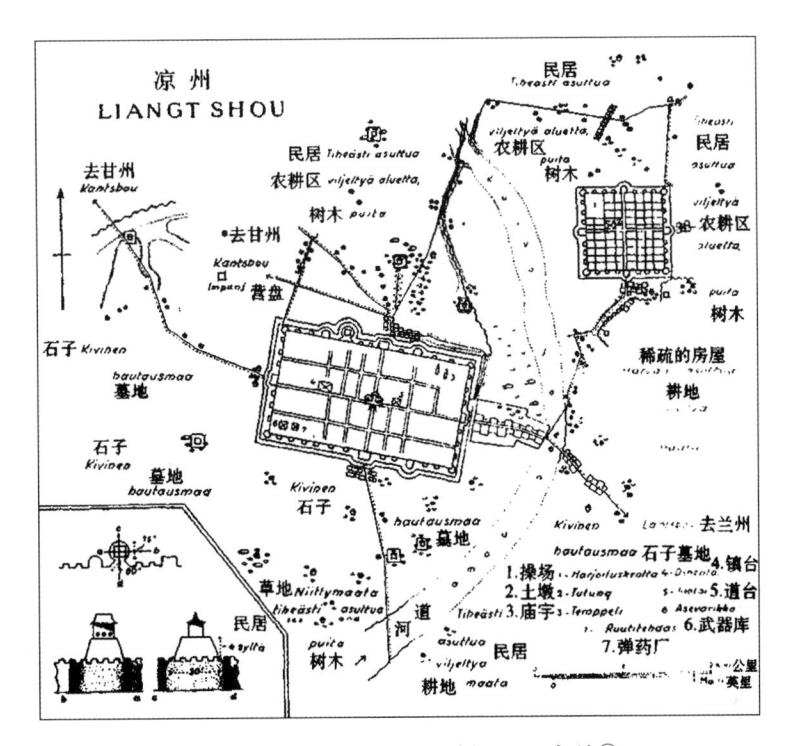

图 7-1　凉州方位图，马达汉 1908 年绘②

驻扎在此的八旗军士，战时为兵（图 7-2）、闲时为农。以平番县为例，"城里住着商人、农民、行政官吏和包括步兵、骑兵及炮兵在内的驻防军队……军务活动之外的时间，士兵们住在家里，干各自的私事，但必须一召即至，到班听命"③。

---

① ［芬］马达汉：《马达汉西域考察日记（1906—1908）》，王家骥译，中国民族摄影艺术出版社 2004 年版，第 426 页。

② ［芬］马达汉：《马达汉西域考察日记（1906—1908）》，王家骥译，中国民族摄影艺术出版社 2004 年版，第 414 页。

③ ［俄］彼·库·柯兹洛夫：《蒙古、安多和死城哈喇浩特》，王希隆、丁淑琴译，兰州大学出版社 2002 年版，第 163 页。

图 7-2　操练中的凉州府满营士兵，马达汉 1908 年摄①

  作为两府道台衙门的所在地，这座城镇规模和行政分级的完备程度令初次到访的西人惊叹不已。"凉州即三十六国时代的梁国，人口约十万……官衙有甘凉兵备道台衙门、凉州府、武威县衙门以及镇台、协台等武官衙门，还设有巡警局、邮政局、百货局、土税局等"②。由于凉州府城被视作"冲、繁、疲、难"③之所，武威、镇番、永昌和古浪等县区皆定级两字以上，即此地政务繁多，是行政管理的重中之重。④ 例如，武威县分七旗，由六名龙官分管，下设干坝若干。

---

  ①　[芬] 马达汉：《马达汉西域考察日记（1906—1908）》，王家骥译，中国民族摄影艺术出版社 2004 年版，第 416 页。
  ②　[日] 日野强：《伊犁纪行》，华立译，黑龙江教育出版社 2006 年版，第 74 页。
  ③　清代雍正帝时期为便于县市分级管理，划定冲、繁、疲、难四级，即地当孔道者为冲，政务纷纭者为繁，赋多逋欠者为疲，民刁俗悍、命盗案多者为难。——作者注
  ④　（清）赵尔巽等：《清史稿·志三十九 地理十一》，中华书局 1977 年版，第 2119 页。

表 7-1　　　　　　　　　　清末武威县行政区划①

名称	坝数（坝）	位置	户数（家）	年产粮食（担）
厅旗	60	城郊	3670	30050
厅驻	70	城西南和城南	2520	18200
扎旗	45	南偏东南20至70里	1756	20040
黄族	35	东南10至120里	5007	47600
大族	80	东北10至100里	2640	30054
勇	45	北15至80里	2670	20580
回勇	38	西北和西10至20里	3035	40880
			21298	

凉州府车马熙熙攘攘，商贩络绎不绝，西人对街景风貌（图7-3）多加记载：赫定初到此地，只见街道宽敞，车旅穿梭，行商如织。② 马达汉抵凉州府城时恰逢新年佳节，节日氛围浓厚，街头巷尾张灯结彩，车水马龙，行人如潮，商品琳琅满目。③ 台克满声称此地是"甘肃西部最重要的商贸和政治城市"④。

清末民初，天主教兰州教区的影响力辐射东西延绵逾2000公里之广，包括定西县、兰州府城、靖远县、河州、武威县、永昌县、张掖县、肃州、嘉峪关城以及甘肃南部等地，其中"凉州是中国内地会在甘肃最远的传教点，与到甘肃传教的比利时传教团总部为邻"⑤，再入西北便无传教士的踪迹。⑥

---

① ［芬］马达汉：《马达汉西域考察日记（1906—1908）》，王家骥译，中国民族摄影艺术出版社2004年版，第420页。
② ［瑞典］斯文·赫定：《穿过亚洲》（下卷），王蓓译，新疆人民出版社2013年版，第898页。
③ ［芬］马达汉：《马达汉西域考察日记（1906—1908）》，王家骥译，中国民族摄影艺术出版社2004年版，第419页。
④ ［英］台克满（Eric Teichman）：《领事官在中国西北的旅行》，史红帅译，上海科学技术文献出版社2013年版，第140页。
⑤ ［澳］莫理循：《一个澳大利亚人在中国》，窦坤译，福建教育出版社2007年版，第238页。
⑥ ［英］米德莱·凯伯等：《修女西行》，季理斐译，新疆人民出版社2013年版，第8页。

图 7-3　凉州府街景，马达汉 1908 年摄①

图 7-4　陶福音开办的学校，莫理循 1910 年摄②

---

①　[芬] 马达汉（C. G. Mannerheim）：《1906—1908 年马达汉西域考察图片集》，王家骥译，山东画报出版社 2000 年版，第 113 页。
②　[澳] 莫理循：《1910，莫理循中国西北行》（上册），窦坤、海伦编译，福建教育出版社 2008 年版，第 59 页。

另外，位于凉州府城东北区域的重修护国寺感应塔碑是现存较完整、内容丰富且西夏文和汉文对照字数最多的西夏碑刻（图7-5）。马达汉试图拓印此碑文，但未能成功。①

就自然景观而言，西人逗留平凉府期间主要将目光聚焦于平番河谷（图7-6），不少珍稀动物令人赞叹：鹦嘴鹤、苍鹭、沙鸨、麻雀、雨燕、乌鸦、喜鹊、莺和鹘隼等。②

图7-5 凉州鱼纹石碑，马达汉1908年摄③

---

① [芬]马达汉：《马达汉西域考察日记（1906—1908）》，王家骥译，中国民族摄影艺术出版社2004年版，第415—416页。
② [俄]彼·库·柯兹洛夫：《蒙古、安多和死城哈喇浩特》，王希隆、丁淑琴译，兰州大学出版社2002年版，第163页。
③ [芬]马达汉：《马达汉西域考察日记（1906—1908）》，王家骥译，中国民族摄影艺术出版社2004年版，第415页。

河谷里到处生长着小唐松草、獐耳细辛、蓬子采、滨蒿、小米草、疗齿草、水柏枝和华北驼绒藜，沙质河床里则生长着兴山榆、杨树、草木樨、同样的獐耳细辛、腺毛唐松草、金色补血草、脓疮草、地蔷薇、石头花、委陵菜和薄荷。①

图7-6　平番河谷，莫理循1910年摄②

第二节　民情

在清末民初时期，凉州府（现在的武威市）的人口变化显著受到频繁灾害和战祸的显著影响。这一时期的人口统计数据具有了波动性。例如，马达汉在1906至1908年间统计，武威县有21298户，古浪县有8238户③。

---

① ［俄］彼·库·柯兹洛夫：《蒙古、安多和死城哈喇浩特》，王希隆、丁淑琴译，兰州大学出版社，2002年版，第163页。

② ［澳］莫理循：《1910，莫理循中国西北行》（上册），窦坤、海伦编译，福建教育出版社2008年版，第39页。

③ ［芬］马达汉：《马达汉西域考察日记（1906—1908）》，王家骥译，中国民族摄影艺术出版社2004年版，第420、422页。

然而，1927年5月23日古浪县发生八级地震，对该地区造成了严重的破坏和人员伤亡。

> 一刹那间，只觉着地狱破开了……凉州全境，几乎玉石俱碎……街道中碎瓦和乱石充塞满途。凉州县署亦被震毁，县官同他的合家老小随从都惨遭非命。鼓楼二座亦塌倒地上……地壳还是不断的震动，如此有数星期之久，在一百四十法里①周围之间，没有一片净土，真是满目凄凉。古浪城是已经没有的了，县官同民众统统惨遭压毙。②

自古以来，戎、狄、月氏、羌、氐、党项、匈奴、乌孙等多民族活跃于凉州府一带，加之为了巩固边防或安置俘虏，历朝历代纷纷采取移民、军屯等措施，凉州府遂逐渐形成了农业发展、人口繁荣、民族杂居、文化融合的局面。至清宣统元年（1909年），凉州府属庄浪茶马厅，共辖36番族。③古浪县虽多汉族人口，蒙古族人和回族人亦在此安居乐业；平番县分为满族聚居区（图7-7）和汉族聚居区，两区共计约700户居民。④

谈及居民教育，1906年的凉州府城已有一所高等小学学堂和两所民蒙学堂，而城郊发展了多所民蒙学堂。⑤盖洛的考察为我们提供了更为详尽的信息："凉州府人引以自豪的是这儿有17所新学堂、100所私

---

① 1法里=4公里。——作者注
② [德]濮登博：《教中新闻·甘肃大地震记事》，朱义生译，《圣教杂志》1927年第9期，第414—417页。
③ 甘肃省档案馆：《甘肃历史人口资料汇编第1辑（先秦至1911年）》，甘肃人民出版社1997年版，第335—336页。
④ [日]日野强：《伊犁纪行》，华立译，黑龙江教育出版社2006年版，第67、73、74页。
⑤ [日]日野强：《伊犁纪行》，华立译，黑龙江教育出版社2006年版，第74页。

图 7-7　平番县满城，莫理循 1910 年摄①

塾和几十所寺庙，以及一位开明的行政长官。这位长官告诉我们：'我们不拜菩萨，我们像你们崇拜耶稣那样尊奉孔子'。"②

第三节　农牧与经贸

坐落于温带荒漠带的凉州府，其下辖各州县在农作物种植上呈现相似特点：府城种植小麦、青稞、豌豆、胡麻和谷物；古浪县东部种植豌豆和谷物；平番县出产辣椒，耕地面积可达 30000 余顷，但仅有四分之一的耕地属于水灌地，剩余则倚借雨水，每年只能采取一半种地、一半休耕的耕作方式，以此维持土地肥力。③

---

① [澳] 莫理循：《1910，莫理循中国西北行》（上册），窦坤、海伦编译，福建教育出版社 2008 年版，第 39 页。

② [美] 威廉·埃德加·盖洛：《中国长城》，沈弘、恽文捷译，山东画报出版社 2006 年版，第 215—216 页。

③ [芬] 马达汉：《马达汉西域考察日记（1906—1908）》，王家骥译，中国民族摄影艺术出版社 2004 年版，第 420、426 页。

图7-8　凉州平原农场，莫理循1910年摄①

当地家畜以牛（图7-9）、马、羊为主：古浪县富裕家庭大多饲养3至4匹马、5至10头牛，普通家庭平均每户饲养1/2至1匹马、2头牛、1至2头驴以及几只羊。②平番县平均每户畜养2至3头牛、1至2匹马、2至4只羊。尽管大规模牧羊者在当地不多见，但其畜养的羊群数量可达100至200只。③

凉州府商贸繁荣，与省内外交流频繁，商铺林立。这里不仅外销膏药、纸张、胡麻、靛蓝染料等本地特色商品，亦经销来自世界各地的货物。仅凉州府城内就有870余家店铺，商品种类宽泛，既售卖从俄国和日本进口的布匹、食糖、铜制铁皮器皿、火柴、香烟、棉布等小商品，也涵盖新疆地区的缝纫机、棉花、马鞍毡布和葡萄干，湖南省和四川省的丝绸锦缎，以及从西安府、天津、甘州府等地运来的调味

---

①　［澳］莫理循：《1910，莫理循中国西北行》（上册），窦坤、海伦编译，福建教育出版社2008年版，第62页。
②　［芬］马达汉：《马达汉西域考察日记（1906—1908）》，王家骥译，中国民族摄影艺术出版社2004年版，第422页。
③　［芬］马达汉：《马达汉西域考察日记（1906—1908）》，王家骥译，中国民族摄影艺术出版社2004年版，第426页。

图7-9 草原上汉族移民的奶牛场，台克满1916年摄①

品和瓷器。② 此外，"凉州膏药驰名全国，路过这里的人都愿意买它"。③ 盖洛为此深入调查，发现凉州府城有约110位郎中和大量中药秘方。④

凉州府周边县区的物产也各具特色：永昌县以出口胡麻油、羊毛、牛毛、小麦、豌豆为主⑤；平番县羊毛久负盛名，且因位于"从西宁通向凉州—太原和兰州—宁夏路线的大车道旁"，城中居民易于购入羊毛，

---

① [英]台克满（Eric Teichman）：《领事官在中国西北的旅行》，史红帅译，上海科学技术文献出版社2013年版，第143页。

② [芬]马达汉：《马达汉西域考察日记（1906—1908）》，王家骥译，中国民族摄影艺术出版社2004年版，第419页。

③ [芬]马达汉：《马达汉西域考察日记（1906—1908）》，王家骥译，中国民族摄影艺术出版社2004年版，第419页。

④ [美]威廉·埃德加·盖洛：《中国长城》，沈弘、恽文捷译，山东画报出版社2006年版，第216页。

⑤ [日]日野强：《伊犁纪行》，华立译，黑龙江教育出版社2006年版，第75页。

再运销东部，年销售额可高达 500000 至 600000 斤①；镇番县品目繁多的特产借横穿内蒙古大草原和阿拉善沙地至凉州的古商道，得以顺利运往华北乃至沿海地区进行销售。②

---

① ［芬］马达汉:《马达汉西域考察日记（1906—1908）》，王家骥译，中国民族摄影艺术出版社 2004 年版，第 426—427 页。
② ［英］台克满（Eric Teichman）:《领事官在中国西北的旅行》，史红帅译，上海科学技术文献出版社 2013 年版，第 142 页。

第八章 安西州

安西州，地处甘肃河西走廊西端，可谓古丝绸之路重镇。安西之名，源自康熙年间，寄托清廷平定西域之乱的殷切期望。雍正元年（1723年）设安西卫，辖布隆吉城、柳沟、双塔堡、踏实堡。雍正三年（1725年）置安西厅，领安西卫、柳沟卫、沙洲卫。雍正六年（1728年）移治大湾（今安西县）。乾隆二十四年（1759年）裁柳沟卫、安西卫，改设渊泉县，设安西府，辖敦煌县、渊泉县、玉门县。乾隆三十九年（1774年），裁安西府和渊泉县，改设安西直隶州，继续管辖敦煌县、玉门县。民国二年（1913年）改为安西县。[1]

第一节 州城及周边

安西州城（图8-1）东临玉门县，西通敦煌县[2]，南望巍峨祁连山，北依浩瀚大戈壁。马达汉考据，安西州城城墙高3庹半，上设雉堞和垛口，部分城墙采用砖砌体结构。[3] 城内民众集中在东西走向的主道上居住。由于种种原因，至清末民初，城内民居多遭破坏，庙宇和军营都朽败不堪，除州城中心的巨大水井屹立不倒外，余下景象不堪

---

[1] 安西县志编纂委员会：《安西县志》，知识出版社1992年版，第15页。
[2] 安西县志编纂委员会：《安西县志》，知识出版社1992年版，第51页。
[3] ［芬］马达汉：《马达汉西域考察日记（1906—1908）》，王家骥译，中国民族摄影艺术出版社2004年版，第341页。

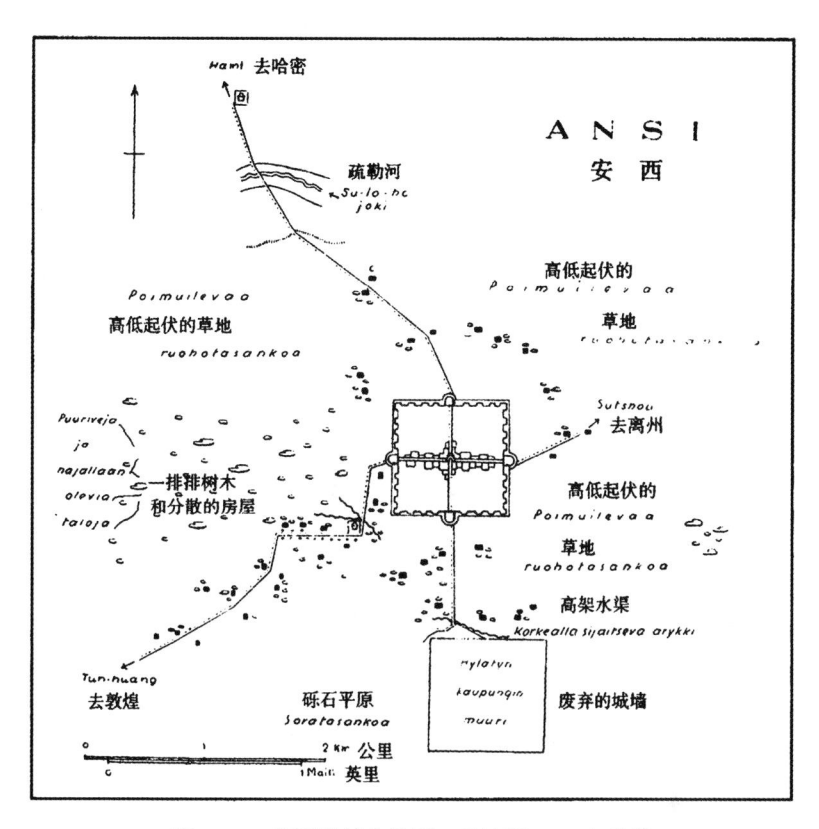

图 8-1 安西州城方位图，马达汉 1907 年绘①

尽述。②

安西州下辖的敦煌县（图 8-2）位于党河中下游地带，四周地势平坦，外城城墙由未烧结的土坯砌成，高约 15 庹半，顶置垛口和雉堞。内城城墙由土砖砌造，门楼之上置两座楼台。墙外多广袤梯田，水渠纵横交错③，墙

---

① ［芬］马达汉：《马达汉西域考察日记（1906—1908）》，王家骥译，中国民族摄影艺术出版社 2004 年版，第 341 页。
② ［法］蜜德蕊·凯伯、法兰西丝卡·法兰屈：《戈壁沙漠》，黄梅峰、麦慧芬译，中国青年出版社 2002 年版，第 87—88 页。
③ ［芬］马达汉：《马达汉西域考察日记（1906—1908）》，王家骥译，中国民族摄影艺术出版社 2004 年版，第 347 页。

内每隔 50 码设一座塔楼。① 城内主街两侧简陋的店铺颇为繁忙。另外，由于每年流沙不断侵蚀，大片良田被吞噬，部分敦煌县人不得已迁往它处，城内满是废弃民居。②

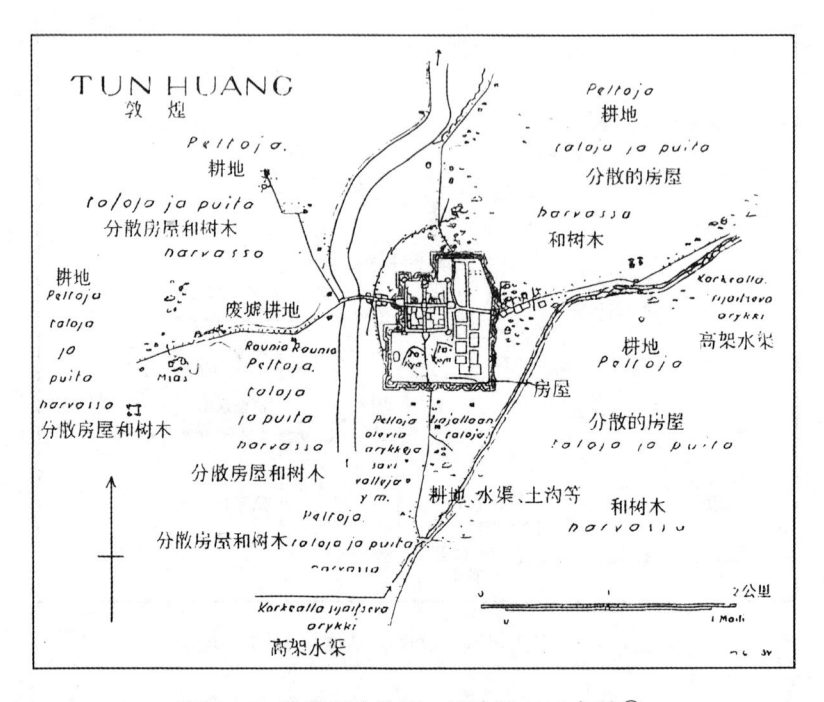

图 8－2　敦煌县方位图，马达汉 1907 年绘③

玉门县的城墙设计与敦煌县相仿，四角设土台和角楼。一条主道自北向南穿城而过。南区则是一个高低不平的无房区。④

---

①　[英] C.D. 布鲁斯：《走出西域——沿着马可·波罗的足迹旅行》，周力译，海潮出版社 2000 年版，第 164 页。

②　[芬] 马达汉：《马达汉西域考察日记（1906—1908）》，王家骥译，中国民族摄影艺术出版社 2004 年版，第 346—348 页。

③　[芬] 马达汉：《马达汉西域考察日记（1906—1908）》，王家骥译，中国民族摄影艺术出版社 2004 年版，第 347 页。

④　[芬] 马达汉：《马达汉西域考察日记（1906—1908）》，王家骥译，中国民族摄影艺术出版社 2004 年版，第 356 页。

第八章 安西州

至于自然环境恶劣的安西州北部地区（即马鬃山区①西部和疏勒河以北的广阔戈壁地带），马莲井（图8-3）每年5月至9月只迎来5至6场雨水，春秋季节常伴随暴风肆虐。②

图8-3 马莲井，莫理循1910年摄③

大泉（图8-4）位于海拔1660米的宽阔砾石高地之上。④

白墩子（图8-5）处在连绵起伏的低矮山丘之间。⑤

---

① 甘肃北山，东西向展布于甘肃河西走廊的北端，以海拔2583米的马鬃山主峰为中心，周边环绕准平原化干燥剥蚀低山、残丘与洪积及剥蚀平地。——作者注
② ［芬］马达汉：《马达汉西域考察日记（1906—1908）》，王家骥译，中国民族摄影艺术出版社2004年版，第338页。
③ ［澳］莫理循：《1910，莫理循中国西北行》（上册），窦坤、海伦编译，福建教育出版社2008年版，第116页。
④ ［法］伯希和等：《伯希和西域探险记》，耿昇译，人民出版社2011年版，第74页。
⑤ ［芬］马达汉：《马达汉西域考察日记（1906—1908）》，王家骥译，中国民族摄影艺术出版社2004年版，第339页。

图 8-4　大泉，莫理循 1910 年摄①

图 8-5　白墩子，莫理循 1910 年摄②

红柳园（图 8-6）在春天仅有一两场雨水，常伴有暴风。③ 险峻的岩石山向东北延伸，山梁在高约 30 米、宽约 1 里的地带上起伏，童山秃岭，未见一棵树木。④

---

①　[澳]莫理循：《1910，莫理循中国西北行》（上册），窦坤、海伦编译，福建教育出版社 2008 年版，第 117 页。
②　[澳]莫理循：《1910，莫理循中国西北行》（上册），窦坤、海伦编译，福建教育出版社 2008 年版，第 114 页。
③　[芬]马达汉：《马达汉西域考察日记（1906—1908）》，王家骥译，中国民族摄影艺术出版社 2004 年版，第 339 页。
④　[日]日野强：《伊犁纪行》，华立译，黑龙江教育出版社 2006 年版，第 93 页。

图 8-6 红柳园，莫理循 1910 年摄①

安西州西部地区同样荒凉至极。在人烟稀少的赤金峡（图 8-7），一片索寞、惨淡之景。②

图 8-7 赤金峡，莫理循 1910 年摄③

---

① ［澳］莫理循：《1910，莫理循中国西北行》（上册），窦坤、海伦编译，福建教育出版社 2008 年版，第 118 页。
② ［日］日野强：《伊犁纪行》，华立译，黑龙江教育出版社 2006 年版，第 87 页。
③ ［澳］莫理循：《1910，莫理循中国西北行》（上册），窦坤、海伦编译，福建教育出版社 2008 年版，第 107 页。

安西州其他地区的城墙和建筑，但大都因陕甘回乱，陡变荒山破村，例如被毁弃的布隆吉尔城（图8-8），已无人烟的惠回堡（图8-9）。

图8-8　布隆吉尔城，莫理循1910年摄①

图8-9　惠回堡，莫理循1910年摄②

---

①　[澳]莫理循：《1910，莫理循中国西北行》（上册），窦坤、海伦编译，福建教育出版社2008年版，第110页。
②　[澳]莫理循：《1910，莫理循中国西北行》（上册），窦坤、海伦编译，福建教育出版社2008年版，第105页。

第二节 民情

1906年至1908年间，马达汉深入安西州各地，探查了州域的人口分布情况：玉门县城220户居民；敦煌城区508户，共计1844人，城郊470户，2340人；布隆吉尔城50余户；三道沟市集及周边地区84户；五道沟村36户；十道沟村28户；东湖村34户。①

1906年，奥勃鲁切夫发现居住在沙洲绿洲的民众总数约为35000人，敦煌县城内约7000人。② 1907年，斯坦因通过与当地官员的交流得知，包括疏勒河上游的几片小绿洲（如小宛和双塔堡）以及低冈上几座相对繁荣的村庄在内，安西州总人口约900户。③ 1908年，伯希和拜访敦煌县县长，经过讨论后研判敦煌县约有10000户，共计30000至40000人。④ 1934年，赫定在安西州游历期间，偶遇税吏得知，安西州城共940户人家，玉门县960户，敦煌县2500户。⑤

这些数据的迥异不仅反映了地区内部人口的分布和密度，还可能受到各种社会政治因素的影响，如迁移、自然灾害、战争等。此外，不同探险家的调查目的、方法和能力差异也可能导致数据的不一致，其准确性有待进一步考究。

安西州城的民众生活单调——他们每日往来于集市购买日常所需物品；孩子们拎着篮子到处拾马粪，用作家中的燃料；城中铁匠行走两日

---

① ［芬］马达汉：《马达汉西域考察日记（1906—1908）》，王家骥译，中国民族摄影艺术出版社2004年版，第352、355—358页。
② ［苏联］费·阿·奥勃鲁切夫：《荒漠寻宝》，王沛译，新疆人民出版社2013年版，第181页。
③ ［英］奥雷尔·斯坦因：《西域考古图记》（第三卷），中国社会科学院考古研究所译，广西师范大学出版社2019年版，第651页。
④ ［法］伯希和：《伯希和西域探险日记（1906—1908）》，耿昇译，中国藏学出版社2014年版，第469页。
⑤ ［瑞典］斯文·赫定：《丝绸之路》，江红、李佩娟译，新疆人民出版社2013年版，第199页。

路程寻求煤屑；烧饼商前往桎柳林收集柴火……①

敦煌县、赤金堡等地的居民自成一格。自诩戈壁菁英的敦煌县人反对子女与他域之人通婚；赤金人的诸多生活事宜皆由宗族决定，不可避免地形成较强的排外风气。②

第三节 农牧、经贸与交通

安西州的农业发展面临着由于降雨量稀少带来的显著挑战。为了应对这一问题，当地农业高度依赖于地下水和河水资源。特别是在疏勒河流域，多处自然河道被逐渐改造成渠系化的人工河道③，这显著增强了该地区的灌溉能力，支持了农业生产。通过这种人工河道系统，安西州能够种植小麦、糜子、青稞、各类油料作物以及豌豆等。借助这种人工河道系统，加之在资源有限的环境中精心设计的灌溉系统，干旱和半干旱地区的土地有了有效的利用，这使得安西州能够种植豌豆、小麦、糜子、青梨以及各类油料作物。值得一提的是，玉门县的种子播种量与作物收获量之比约为1∶8或1∶9，敦煌县的这一比例则大致是1∶7或1∶8。④

凯伯和法兰屈曾细数过敦煌县的农作物：

> 春天里，果园中的梨树、桃树、油桃树开花成簇，所有的田地都长着绿油油的秧苗，而每一条田埂也都被蓝色的沙漠鸢尾花覆

---

① ［法］蜜德蕊·凯伯、法兰西丝卡·法兰屈：《戈壁沙漠》，黄梅峰、麦慧芬译，中国青年出版社2002年版，第93页。
② ［法］蜜德蕊·凯伯、法兰西丝卡·法兰屈：《戈壁沙漠》，黄梅峰、麦慧芬译，中国青年出版社2002年版，第22、74页。
③ 张景平：《历史时期疏勒河水系变迁及相关问题研究》，《中国历史地理论丛》2010年第4期，第18页。
④ ［芬］马达汉：《马达汉西域考察日记（1906—1908）》，王家骥译，中国民族摄影艺术出版社2004年版，第342、349、358页。

盖……整个夏天，五谷轮番收成，包括小麦、玉米、粟米、高粱、麻、大豆，伴随着的是丰沛的菜蔬，像茄子、红辣椒、马铃薯、各式豆类、胡萝卜、芹菜、洋葱、韭菜、金色南瓜和绿色黄瓜。在其他季节中，田地上欢闹着蓝色的亚麻、粉红色的荞麦和黄色的芥菜。①

至于畜牧业，1907年的安西州城每户农家大约畜养1匹马、2头牛、2头毛驴，而绵羊和山羊的数量相对欠缺。当地民众还蓄养骆驼，但总数控制在1000匹以内。②

与西北其他城镇类似，安西州的羊毛交易颇具规模：每年成百的骆驼承载着沉重的捆包经由此地西行前往包头。其中，玉门县的羊毛自昌马贩运而来，经花海子转运至金塔，再到包头和归化城（今呼和浩特），年销量在10000至15000斤之间。③然而，或是受到高额利润的诱惑，运送羊毛者屡屡在捆包间掺杂沙砾，增加重量。④

随着对外贸易日益频繁，安西州城集市上各色商人云集。其中，著名的安集延人⑤主要贩卖俄国铁器、盆子、杯子、皮革、棉线、粗布等物品。⑥西人也能在这里寻到一些德国货，如香烟，纽扣、洋针、洋火等。⑦

---

① ［法］蜜德蕊·凯伯、法兰西丝卡·法兰屈：《戈壁沙漠》，黄梅峰、麦慧芬译，中国青年出版社2002年版，第75页。
② ［芬］马达汉：《马达汉西域考察日记（1906—1908）》，王家骥译，中国民族摄影艺术出版社2004年版，第349、352页。
③ ［芬］马达汉：《马达汉西域考察日记（1906—1908）》，王家骥译，中国民族摄影艺术出版社2004年版，第358页。
④ ［法］蜜德蕊·凯伯、法兰西丝卡·法兰屈：《戈壁沙漠》，黄梅峰、麦慧芬译，中国青年出版社2002年版，第93—94页。
⑤ 清代对安集延城商人的称谓。——作者注
⑥ ［英］C. D. 布鲁斯：《走出西域——沿着马可·波罗的足迹旅行》，周力译，海潮出版社2000年版，第166页。
⑦ ［英］C. D. 布鲁斯：《走出西域——沿着马可·波罗的足迹旅行》，周力译，海潮出版社2000年版，第166页。

州域各地的特色物产无疑吸引了西人的目光,如惠回堡所产的细砂能够将玉石打磨成稀世之美,盛产的砚台成就书法艺术①;赤金黄金储量丰沛,尽管当时的矿脉早已枯竭,但富足的原油资源尚可供给周边车队用于润滑车轴。②

在交通方面,安西州拥有三条重要的陆路交通:一条通向迪化州;一条直抵叶尔羌;还有一条行经肃州城通往西安府。在这些道路上,车队往来频繁。凯伯和法兰屈感慨道,城市风貌已显残破的安西州在中国—土耳其斯坦的贸易路线上占据举足轻重的地位。③

---

① [法]蜜德蕊·凯伯、法兰西丝卡·法兰屈:《戈壁沙漠》,黄梅峰、麦慧芬译,中国青年出版社2002年版,第18页。
② [法]蜜德蕊·凯伯、法兰西丝卡·法兰屈:《戈壁沙漠》,黄梅峰、麦慧芬译,中国青年出版社2002年版,第23页。
③ [法]蜜德蕊·凯伯、法兰西丝卡·法兰屈:《戈壁沙漠》,黄梅峰、麦慧芬译,中国青年出版社2002年版,第86页。

第九章　甘州府、肃州

第一节　甘州府

甘州府居河西走廊咽喉地带。其名始于西魏,废帝三年（554年）改西凉州为甘州；清雍正三年（1725年）撤陕西行都司①,设甘州府；自乾隆十五年（1750年）,甘州府下辖张掖县（甘州府城）、山丹县、东乐分县②和抚彝厅；民国二年（1913年）废府、州建制,甘州府遂撤销。③

一　甘州府主要城镇、村寨

（一）甘州府城

万历年间,甘州府城城墙改为砖包墙；清同治四年（1865年）,北城门遭焚；光绪二十四年（1898年）,当地官员筹资补修墙体,加固城垣。④ 马达汉实测城墙高6庹,上设雉堞和胸墙；木制城门用铁箍加固,

---

①　陕西行都指挥使司,在河西走廊设置的行政区划,明朝洪武十二年（1379年）置。——作者注

②　乾隆九年（1744年）,因张掖县地域辽阔,难以管理,故将东部地方划出,设东乐分县,但重大事务仍由张掖县统领。——作者注

③　甘州区志编纂委员会:《甘州区志：1991—2016》,甘肃文化出版社2019年版,第76—77页。

④　甘肃省张掖市志编修委员会:《张掖市志》,甘肃人民出版社1995年版,第799—800页。

西、南两门外额外筑双层瓮城。①

甘州府城内的民众生活图景经由西方来客的观察、测算，述诸笔端。

表 9-1　　　　西人对甘州府城人口和城市景观的记录

时间	到访西人	人口数量	城内景观描述
1907年1月2日	日野强	超过150000人；当地西人包括法国传教士2名，基督教徒、天主教徒各约500人；军队定额为3600人，但实际仅1000余人②	设知府、知县等文衙门和提督、游击等武衙门；行政部门包括巡警局、厘金局、土税局、电报局；学校有一所中学及数所蒙养学堂。③
1908年1月6日	马达汉	据传教士估算，不超过25000人；衙门的统计数字为6000户；马达汉测算为75000人④	城内遍植绿树。两条宽阔的街道将城区划分为四个主要区域，在街道的交叉口矗立着一座雄伟的鼓楼，另有八条较窄小的街道。提督衙门和电报局坐落在府城的西北角，城西南是城防碉堡和马队营盘的所在地，城北及城东北则是辽阔的苇塘。⑤
1908年⑥	盖洛	—	城中的沼泽致使蚊虫孳生、瘴气四溢；沿街晒制的兽皮，散发浓重的气味；露天的下水道也泛着恶臭味……旅人只需在50里之外，就能够通过城市上空弥漫的尘烟来辨别甘州的位置……甘泉书院、高级小学和劝业书院是城中三所主要学府，此外还有许多小型的初级学校。此处致力发展现代教育，但无法聘请到优秀的教师。⑦

---

①　[芬] 马达汉：《马达汉西域考察日记（1906—1908）》，王家骥译，中国民族摄影艺术出版社2004年版，第405页。

②　[日] 日野强：《伊犁纪行》，华立译，黑龙江教育出版社2006年版，第78页。

③　[日] 日野强：《伊犁纪行》，华立译，黑龙江教育出版社2006年版，第78页。

④　[芬] 马达汉：《马达汉西域考察日记（1906—1908）》，王家骥译，中国民族摄影艺术出版社2004年版，第406页。

⑤　[芬] 马达汉：《马达汉西域考察日记（1906—1908）》，王家骥译，中国民族摄影艺术出版社2004年版，第405页。

⑥　原书未给出具体日期。——作者注

⑦　[美] 威廉·埃德加·盖洛：《中国长城》，沈弘、恽文捷译，山东画报出版社2006年版，第287—288页。

鼓楼矗立于府城的中心地带，又名镇远楼、靖远楼，高21米，采用砖土木结构，建于明朝正德二年（1507年），一度毁于兵燹，康熙七年（1668年）重建，乾隆四十四年（1779年）以及光绪年间得以数度修葺（图9-1）。①

图9-1　甘州府城鼓楼，斯坦因1907年摄②

甘州府城内，寺庙星罗棋布：宗庙、城隍庙、龙王庙、阎罗殿、三星观、二郎神庙、八烛庙、白衣寺、三官庙、大白马王庙、牡牛王庙、文庙、火神庙、万门庙、东岳庙、贞洁庵、万德寺、风神庙、护法寺和观音庙等等。③ 在众多寺庙中，城南的大佛寺建筑群最具代表性。其始建于西夏永安元年（1098年），主体建筑是大佛殿（图9-2）。

---

① 张掖市地方史志编纂委员会：《张掖市志：1996—2015》（下册），甘肃文化出版社2020年版，第955—956页。

② ［英］奥里尔·斯坦因：《斯坦因中国探险手记》（第四卷），伏霄汉、巫新华译，春风文艺出版社2004年版，第875页。

③ ［美］威廉·埃德加·盖洛：《中国长城》，沈弘、恽文捷译，山东画报出版社2006年版，第288页。

图9-2 大佛殿,莫理循1910年摄①

殿内正中的佛坛上供奉着释迦牟尼涅槃像。凯伯一行人测得此卧佛长120尺、高40尺。② 1908年1月6日,马达汉详细记载了殿内壮观的佛像、菩萨造像及壁画:

> 两层高的大殿内,巍然屹立着一座巨大无比的弥勒佛右卧像。他的双脚竟有我本人一般高。头顶右侧矗立一座几庹高的菩萨像,那便是铥卓娘娘(Tiu tcho niang niang)。足边亦有一座高大的天皇上帝(Tien huang shang ti)立像,比例匀称,体态优美。③

---

① [澳]莫理循:《1910,莫理循中国西北行》(上册),窦坤、海伦编译,福建教育出版社2008年版,第75页。

② [英]米德莱·凯伯等:《修女西行》,季理斐译,新疆人民出版社2013年版,第13页。

③ C. G. Mannerheim, *Across Asia from West to East in 1906-1908* (Vol. 1), Netherlands: Anthropological Publications, 1969, p. 476.

藏经阁与土塔（图9-3）巍然耸立。藏经阁内珍藏着明英宗御赐经文，而土塔原名弥陀千佛塔，高33.37米。①

图9-3　藏经阁与土塔，斯坦因1914年摄②

（二）其他主要城镇、村寨

山丹县距甘州府城约65公里。城内居住380余户人口，街头巷尾散布着80家店铺及7家客栈。③县城以西的山丹大佛寺（图9-4）始建于北魏，历经几番重修，寺内殿堂僧房共计百余间。④

---

① 张掖市地方史志编纂委员会：《张掖市志：1996—2015》（下册），甘肃文化出版社2020年版，第955页。
② ［英］奥雷尔·斯坦因：《亚洲腹地考古图记》（第一卷），巫新华、秦立彦、龚国强、艾力江译，广西师范大学出版社2004年版，第736页。
③ ［芬］马达汉：《马达汉西域考察日记（1906—1908）》，王家骥译，中国民族摄影艺术出版社2004年版，第409页。
④ 张掖市地方史志编纂委员会：《张掖市志：1996—2015》（下册），甘肃文化出版社2020年版，第960页。

图9-4　山丹大佛寺，莫理循1910年摄①

东乐县城居于甘州府城东南约40公里处，规模略小，仅200户人口。这里春夏常伴狂风，3至8月雨水丰沛，10月至来年2月降雪纷飞。②

抚彝厅西邻肃州，城内约300户人口，四周土地丰腴，设厅衙门③，官吏办事公道，凯伯等人对此交口称赞。④

甘州府城南部约50公里处，便是风光宜人的南沟城（图9-5），城内一片郁郁葱葱，街道两侧的老式木刻建筑做工精美，呈现出"一幅旧中国的典型景象"。⑤

南沟城内的大寺庙（又名龙桥庙）历史悠久，屋顶陶质浮雕精致绝伦。寺庙内供奉坐佛、菩萨（图9-6）、罗汉塑像（图9-7）。斯坦因感叹菩萨造像服饰极其富丽，令人联想起敦煌千佛洞的古代雕塑作品⑥。

---

①　[澳]莫理循：《1910，莫理循中国西北行》（上册），窦坤、海伦编译，福建教育出版社2008年版，第72页。

②　[芬]马达汉：《马达汉西域考察日记（1906—1908）》，王家骥译，中国民族摄影艺术出版社2004年版，第408页。

③　[日]日野强：《伊犁纪行》，华立译，黑龙江教育出版社2006年版，第79页。

④　[英]米德莱·凯伯等：《修女西行》，季理斐译，新疆人民出版社2013年版，第15页。

⑤　[英]奥雷尔·斯坦因：《亚洲腹地考古图记》（第一卷），巫新华、秦立彦、龚国强、艾力江译，广西师范大学出版社2004年版，第738页。

⑥　[英]奥雷尔·斯坦因：《亚洲腹地考古图记》（第一卷），巫新华、秦立彦、龚国强、艾力江译，广西师范大学出版社2004年版，第738—739页。

图 9-5　南沟城景，斯坦因 1914 年摄①

图 9-6　大寺庙里的佛像与菩萨，斯坦因 1914 年摄②

---

① ［英］奥雷尔·斯坦因：《亚洲腹地考古图记》（第一卷），巫新华、秦立彦、龚国强、艾力江译，广西师范大学出版社 2004 年版，第 735 页。
② ［英］奥雷尔·斯坦因：《亚洲腹地考古图记》（第一卷），巫新华、秦立彦、龚国强、艾力江译，广西师范大学出版社 2004 年版，第 745 页。

图9-7　大寺庙前厅的罗汉，斯坦因1914年摄①

二　农贸、交通

甘州府域受惠于我国第二大内陆河黑河的滋养，水源充足，春冬季受河右岸山区的阻挡，寒潮对其影响较小，适宜耕种。② 为高效利用水资源，甘州府建立了一套相当完善的分水制度：在县辖地，八座村庄各设一位乡约，管理八位龙官。③ 这一制度的实施，使得八座村庄的粮食年产量合计超过240000担。其中，小麦、糜子、豌豆及大米的产量是种子播种量的10倍之多，谷子、青稞和胡麻为8至9倍。富裕农户能够畜养2至4头牛、3至4匹马，普通农户也会家养2头牛和2头毛驴。④ 甘州府部分城镇、村寨的农业概况如下（表9-2）：

---

①　[英] 奥雷尔·斯坦因：《亚洲腹地考古图记》（第一卷），巫新华、秦立彦、龚国强、艾力江译，广西师范大学出版社2004年版，第745页。

②　[英] 奥雷尔·斯坦因：《穿越塔克拉玛干》，巫新华、新华、张良仁、赵静译，广西师范大学出版社2000年版，第71页。

③　清初，水利改由知县管理，渠由专人管理，并负责兴修事务，称"水利佐人""水佐""龙官""水董"，与"农官"并为地方佐治官吏。——作者注

④　[芬] 马达汉：《马达汉西域考察日记（1906—1908）》，王家骥译，中国民族摄影艺术出版社2004年版，第405—406页。

表 9-2　　　　　甘州府下属部分城镇、村寨农业概况

城镇、村寨	农业发展概况
抚彝厅	农产品以小麦和米为主①，街市上西瓜、茄子、洋葱等各式蔬果齐全，也有部分农户种植棉花②。
东乐分县	种植小麦、谷子、糜子，南部山区种植胡麻、辣椒。③
梨园城	离河岸较近，小片的耕地星罗棋布，种植小麦、青稞、糜子、小米、豌豆、大豆和胡麻，小麦的产量是种子播种量的6—7倍。④
丰乐堡	种植小麦、豌豆、糜子、谷子和胡麻，产量为种子播种量的5—6倍。⑤

马达汉、日野强和盖洛对甘州府城的商业贸易进行了详尽记载。府城内的商铺超过 2300 家，外销商品包括食用油、白酒、大米、面条、羊毛、驼毛⑥，进口商品多为日货，价格较兰州府更为亲民。⑦ 盖洛援引当地官员提供的信息，认为甘州府城的羊毛袋远近闻名，每年外销约 10000 只，同时还出产甘草、熏香、羊皮、枸杞等商品。⑧

---

① [日] 日野强：《伊犁纪行》，华立译，黑龙江教育出版社 2006 年版，第 79 页。

② [英] 米德莱·凯伯等：《修女西行》，季理斐译，新疆人民出版社 2013 年版，第 16 页。

③ [芬] 马达汉：《马达汉西域考察日记（1906—1908）》，王家骥译，中国民族摄影艺术出版社 2004 年版，第 408 页。

④ [芬] 马达汉：《马达汉西域考察日记（1906—1908）》，王家骥译，中国民族摄影艺术出版社 2004 年版，第 401 页。

⑤ [芬] 马达汉：《马达汉西域考察日记（1906—1908）》，王家骥译，中国民族摄影艺术出版社 2004 年版，第 413 页。

⑥ [芬] 马达汉：《马达汉西域考察日记（1906—1908）》，王家骥译，中国民族摄影艺术出版社 2004 年版，第 405 页。

⑦ [日] 日野强：《伊犁纪行》，华立译，黑龙江教育出版社 2006 年版，第 78 页。

⑧ [美] 威廉·埃德加·盖洛：《中国长城》，沈弘、恽文捷译，山东画报出版社 2006 年版，第 288 页。

甘州府紧邻入藏的前哨之地——西宁府①，是新疆通往北京的必经之地，也是蒙古人至塔尔寺的朝圣通道②，商旅来往接连不断。在这里，肃北骡子备受青睐，它们仅食用干草便可负重200磅长途跋涉。即使是最耐劳的骡子，售价也很少超过40两白银。马匹愈加价廉，只需20至30两白银便能购得。③ 此外，骆驼也是重要的运输和代步工具，优点在于途中无需人工喂养。前往宁夏府的商贾还会使用一种配以铁轮的牛车（图9-8）。这种牛车由一头或两头壮牛牵拉，载重能力可达2000斤。④

图9-8　甘州地区的牛车，莫理循1910年摄⑤

---

① [英]奥雷尔·斯坦因：《穿越塔克拉玛干》，巫新华、新华、张良仁、赵静译，广西师范大学出版社2000年版，第71页。
② [日]日野强：《伊犁纪行》，华立译，黑龙江教育出版社2006年版，第78页。
③ [英]德·莱斯顿：《从北京到锡金——穿越鄂尔多斯、戈壁滩和西藏之旅》，王启龙、冯玲译，西藏人民出版社2003年版，第130页。
④ [日]日野强：《伊犁纪行》，华立译，黑龙江教育出版社2006年版，第78页。
⑤ [澳]莫里循：《1910，莫里循中国西北行》（上册），窦坤、海伦编译，福建教育出版社2008年版，第79页。

第二节 肃州

肃州，原肃州卫，属陕西行都司，清雍正二年（1724年）裁撤肃州卫，改置肃州厅，隶属甘州府；雍正七年（1729年）升肃州直隶州，领县一，即高台县①，增设王子庄分州（金塔县西），置王子庄州同②。1912年设安肃道，设道尹，民国二年（1913年）改肃州为酒泉县③。

一 州城及周边

史籍记载，肃州"东以关辅为内庭，西以伊循为外屏，南以青海为亭障，北以大漠为斥堠……面瞰雪岭，背倚长城，临水淳于左，嘉峪峙于右，内有讨来、红水之潆洄，外有弱水、居延之环绕"④。因此，肃州自古便是巩固边防、抵御外敌的重要关隘，这一特点在肃州和嘉峪关的城墙与街巷上得以深刻体现。

据布鲁斯估测，肃州城墙高40英尺，每隔100码建有侧翼防御塔，城墙东西绵延1000码，南北横跨700码，规模雄伟。肃州城仅设三座城门：南城门、北城门（图9-9）和东城门。城区居民多聚居在临近鼓楼的四条主要街道，西城区少有房屋。⑤

---

① 牛平汉、陈普：《清代政区沿革综表》，中国地图出版社1990年版，第471页。

② 孙占鳌：《酒泉市志》（上），方志出版社2008年版，第111页。

③ 嘉峪关市史志办公室：《肃州新志校注》，吴生贵、王世雄等校注，中华书局2006年版，第506页。

④ 嘉峪关市史志办公室：《肃州新志校注》，吴生贵、王世雄等校注，中华书局2006年版，第674页。

⑤ ［英］C.D.布鲁斯：《走出西域——沿着马可·波罗的足迹旅行》，周力译，海潮出版社2000年版，第186页。

图9-9 肃州北城门,莫理循1910年摄①

嘉峪关城距肃州城以西70里,通关文牒查验格外严苛:欲通关者须持通行证,接受州府仔细盘查。无州府之准许,"即使插翅也难以飞过这个关口"。② 只有跨过嘉峪关这座中国历史上重要的军事城堡,方能算作

---

① [澳]莫理循:《1910,莫理循中国西北行》(上册),窦坤、海伦编译,福建教育出版社2008年版,第87页。
② [美]威廉·埃德加·盖洛:《中国长城》,沈弘、恽文捷译,山东画报出版社2006年版,第306页。

真正踏进了中国国门。① 入关前,最引人注意的莫过于嘉峪关城的"一碑一匾"。所谓"一碑",指的是清嘉庆十四年(1809年),立于关城以西道路左侧的"天下雄关"碑(图9-10);"一匾"则是同治十二年(1873年)修缮嘉峪关城和楼阁时挂于其上的"天下第一雄关"匾。

图9-10　嘉峪关西门外戈壁滩上的"天下雄关"碑,盖洛1908年摄②

基于马达汉绘制的方位图(图9-11),可以发现嘉峪关城依山而建,北面蜿蜒于群山之中,与黑山脚下的悬臂长城相接,关城以南至洮赖河段建于戈壁之上,明暗结合,易守难攻(图9-12):

---

① [英]奥里尔·斯坦因:《沿着古代中亚的道路:斯坦因哈佛大学讲座》,巫新华译,广西师范大学出版社2008年版,第256页。

② [美]威廉·埃德加·盖洛:《中国长城》,沈弘、恽文捷译,山东画报出版社2006年版,第305页。

巨大的黏土墙，从南到北包围整个山谷，有的建在低矮的地面上，有 1 弗隆①长（英国长度单位），有的利用 2 座高耸的砂石山脉作为天然的屏障……后来的城墙设计者也并没有忽视山脉的作用和

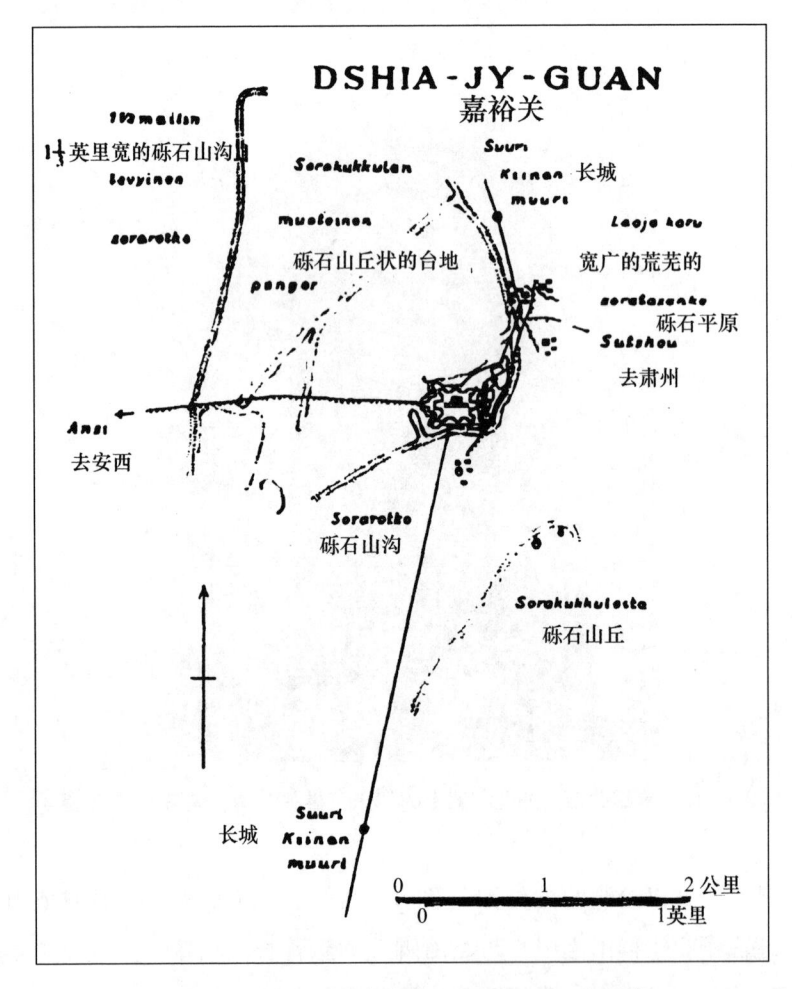

图 9-11　嘉峪关城方位图，马达汉 1907 年绘②

---

① 1 弗隆 = 201.168 米。——作者注
② ［芬］马达汉：《马达汉西域考察日记（1906—1908）》，王家骥译，中国民族摄影艺术出版社 2004 年版，第 362 页。

优势，相互独立的黏土楼阁周围挖有壕沟，并砌起砖墙，其中有3座黏土楼阁是在大门防守处和北面壕山口支脉的尽头之间立起。①

图9-12　嘉峪关城墙和要塞，莫理循1910年摄②

斯坦因观察到，嘉峪关拥有两段在不同时期修建的长城，莫理循研判早期长城的修建旨在保护中原军队顺利西征，而较晚修建的长城则主要承担着封锁中亚贸易线路的重要任务。③

嘉峪关的一段长城建于公元前100年左右，长城的主要部分，从北京以东的直隶海湾开始一直延伸到甘肃东部，是在公元前215年修筑的，那时候中华帝国的缔造者始皇帝把不同地方的城堡相互连在一起。后来继续延伸到嘉峪关，整个长城的建筑群成为长达

---

① ［英］奥里尔·斯坦因：《斯坦因中国探险手记》（第四卷），伏霄汉、巫新华译，春风文艺出版社2004年版，第811—812页。
② 卞修跃：《西方的中国影像（1793—1949）莫理循卷》（第二册），黄山书社2016年版，第100页。
③ ［澳］莫理循：《一个澳大利亚人在中国》，窦坤译，福建教育出版社2007年版，第240页。

2400 公里的防御工事。它在千百年的岁月中完成了自己的任务：保护国家免遭蒙古马背民族的侵扰。而且，晚至十三世纪末，成吉思汗从北面攻袭北京，攻了近两年时间才得以越过长城。①

嘉峪关南依文殊山，山间融雪汇聚，可保城内人、马饮水无虞。内、外双城呼应，扼立广漠，瞭望塔、烽燧、塔楼等建筑不仅具备侦察敌情、抵挡火力的功能，还是士兵的休憩之所，能迅速集结兵力。城墙内有女墙、烽燧、瞭望台，每座烽燧皆可作为集合点，某些情况下也能独当一面，展现强大的防御力。② 从马达汉所摄的嘉峪关西南城关（图9－13）的影像中可以看到，城墙上，东、中、西三座三层三檐歇山顶式关楼一字排开，蔚为壮观。③

图9－13 嘉峪关西南城关，马达汉1907年摄④

---

① ［芬］马达汉：《马达汉西域考察日记（1906—1908）》，王家骥译，中国民族摄影艺术出版社2004年版，第361页。

② ［英］奥雷尔·斯坦因：《穿越塔克拉玛干》，巫新华、新华、张良仁、赵静译，广西师范大学出版社2000年版，第53页。

③ ［英］C.D.布鲁斯：《走出西域——沿着马可·波罗的足迹旅行》，周力译，海潮出版社2000年版，第182页。

④ 王家骥：《马达汉》，中国民族摄影艺术出版社2002年版，第194页。

至清末民初，西人经行此地时所见的嘉峪关城已然是一幅年久失修，濒临倾圮的破败景象。城墙上的门楼及雉堞尚存，但除衙门和营房区域外，城内的房屋多荒废久矣。① 曾经的西部门户已不再承担戍边御敌功能，"现在的要塞主要用做海关关口。没有卫戍部队，除了沿城墙堆积的几堆石头以防盗贼外，没有采取任何抵御措施"②。

二 民情

同治年间的叛乱使得这一地区人口骤减，由于官府资料难以获取，西人只能借助其他途径大致估算。1906 至 1908 年间，马达汉推断肃州有10000 人③，嘉峪关 407 户居民④；1908 年伯希和估算高台县的人口数量约在 4200 至 4500 之间⑤。

除世代居住的本地人，肃州还因中原和西域人士的迁徙历史，以及历朝历代的军事屯垦政策，不仅吸引了众多外省商人，还汇聚来自长城外的回部民众、多国商贩和传教士。⑥ 例如，赫定从当地县长处获悉，蒙古人常来往肃州从事商贸活动⑦。马达汉在肃州城内见到的常住居民一般是从各省迁移至此的汉族人。至于少数民族民众，同治年间的叛乱后，本地人口中回族人的比例变得极低；偶尔在街头能见到身着繁丽服

---

① ［英］奥雷尔·斯坦因：《西域考古图记》（第三卷），中国社会科学院考古研究所译，广西师范大学出版社 2019 年版，第 708 页。
② ［澳］莫理循：《一个澳大利亚人在中国》，窦坤译，福建教育出版社 2007 年版，第 240 页。
③ ［芬］马达汉：《马达汉西域考察日记（1906—1908）》，王家骥译，中国民族摄影艺术出版社 2004 年版，第 367 页。
④ ［芬］马达汉：《马达汉西域考察日记（1906—1908）》，王家骥译，中国民族摄影艺术出版社 2004 年版，第 363 页。
⑤ ［法］伯希和：《伯希和西域探险日记（1906—1908）》，耿昇译，中国藏学出版社 2014 年版，第 544 页。
⑥ ［日］日野强：《伊犁纪行》，华立译，黑龙江教育出版社 2006 年版，第 81 页。
⑦ ［瑞典］斯文·赫定：《丝绸之路》，江红、李佩娟译，新疆人民出版社 2013 年版，第 224 页。

饰的藏人，十分引人注目。①

值得一提的是，这一地区隶属河西婚俗区，当地人缔结连理时需使用庚帖，新郎亲往女家迎娶。② 迎亲之礼尤为隆重盛大，但婚礼和回门礼却相对简略：

> 客人们集中到新娘家里，盛情招待之后，陪送新娘到新郎家里……新郎的父母不出现在客人的队伍中，新娘的父母也不送自己的女儿到她的新家……喜酒宴请一般是比较节俭的，所以不会发生真正的酗酒事件。第二天新婚夫妇到新娘家回门，他们给新娘父母带去一件小礼品，一块布料，一瓶酒，或者别的什么东西……③

三 农牧、经贸、交通

肃州与甘州府位于蒙古高原的南部边缘，地处温带干旱荒漠地带，以灌溉农业和畜牧业为主导产业。若视甘州府为农贸生产的摇篮，肃州便扮演着外销方的角色。因此，肃州自然而然承担起河西走廊"贸易中心"的重任④，同时也是西域与内地商旅往来的集散地以及朝贡使者的招待所。

（一）农牧

尽管肃州的绿洲地带孕育农业活动（图9-14），但所产粮食只能满足当地民众的基本需求。原因在于耕地资源有限，大多集中在南部雪山

---

① ［芬］马达汉：《马达汉西域考察日记（1906—1908）》，王家骥译，中国民族摄影艺术出版社2004年版，第368页。

② 李智君：《边塞农牧文化的历史互动与地域分野——河陇历史文化地理研究》，博士学位论文，复旦大学，2005年，第130页。

③ ［芬］马达汉：《马达汉西域考察日记（1906—1908）》，王家骥译，中国民族摄影艺术出版社2004年版，第380页。

④ ［英］奥雷尔·斯坦因：《穿越塔克拉玛干》，巫新华、新华、张良仁、赵静译，广西师范大学出版社2000年版，第64—65页。

与北部易沙化的丘陵山岭之间相对狭窄的走廊地带，其余地界已被盐碱侵蚀，土壤质量恶劣，无法耕种。①

图 9-14　临水绿洲中的农舍，莫理循 1910 年摄②

肃州各县区的农作物大致相同：金塔县种植小麦、小米、青稞、糜子，以及少量油料作物、棉花和辣椒；高台县种植玉米、豌豆、胡麻以及在陇原地区较为罕见的大米。③

相形之下，肃州的畜牧业发展良好，但养殖规模依具体地区和家庭富裕程度而不等。如高台县、毛目县、金塔县等地的民众饲养牛、马、羊、毛驴以及猪、鸡等家禽，但金塔县仅 4 户汉人专门养殖骆驼，数量在 200 至 300 峰之间④。

家畜的养殖数量反映了民族之间的差异：马桩子村和马拉泉子村的

---

①　[法]伯希和：《伯希和西域探险日记（1906—1908）》，耿昇译，中国藏学出版社 2014 年版，第 544 页。

②　[澳]莫理循：《1910，莫理循中国西北行》（上册），窦坤、海伦编译，福建教育出版社 2008 年版，第 85 页。

③　[芬]马达汉：《马达汉西域考察日记（1906—1908）》，王家骥译，中国民族摄影艺术出版社 2004 年版，第 374、384 页。

④　[芬]马达汉：《马达汉西域考察日记（1906—1908）》，王家骥译，中国民族摄影艺术出版社 2004 年版，第 374 页。

少数民族多以放牧为生。其中，藏民的养殖规模较大，如马拉泉子村 74 户藏民畜养 1000 头牛、近 400 匹马和 4000 只羊；汉人的养殖规模次之；裕固族人自养牲畜最少，他们多协助汉人放牧，以换取羊毛和牛奶作为报酬，再将羊毛纺织成毛料售卖。①

肃州地区的水资源在清末民初时期，因自然灾害、上下游用水分配不均、民族间的利益纠葛等因素，引发了数次民众纠纷。为了妥善解决这些问题，当地逐渐形成特有的分水制度：河水首先导入六条称为坝的水渠，后引入田地的坝水被视为独立的税收单位。在水源丰富的上游，通常由士绅竞争上任或推选"龙官"管理水资源，水源下游和较为贫瘠之地则由民众轮流负责。分水时常用筷子或蜡烛作为量尺，燃尽一支抑或几支蜡烛时所流出的水量便是农户可用的额度。②

(二) 经贸

据马达汉调查，肃州城内经营着约 367 家店铺和 4 家客栈；金塔县拥有 57 家店铺和 2 家客栈；离高台县 22 俄里远的沙河口村开设 58 家店铺。③ 民国十四年（1925 年），酒泉兴办 71 家商号，投身其中的从业者约 850 人。④

在对外贸易方面，肃州作为天山北路准噶尔与内地贸易的集散地，无疑是一座繁华的商业之都："街上车来人往，尤其做买卖的地方，更是热闹非常，马车、牛车、骡车挤作一团，从归化和额济纳来的一支支伴着驼铃声的商队也到这里凑热闹"⑤。许多商店出售自港口运来的商品，

---

① ［芬］马达汉：《马达汉西域考察日记（1906—1908）》，王家骥译，中国民族摄影艺术出版社 2004 年版，第 368、381 页。

② ［芬］马达汉：《马达汉西域考察日记（1906—1908）》，王家骥译，中国民族摄影艺术出版社 2004 年版，第 367 页。

③ ［芬］马达汉：《马达汉西域考察日记（1906—1908）》，王家骥译，中国民族摄影艺术出版社 2004 年版，第 374、383、386 页。

④ 酒泉市史志办公室：《酒泉市志》，兰州大学出版社 1998 年版，第 523 页。

⑤ ［瑞典］斯文·赫定：《丝绸之路》，江红、李佩娟译，新疆人民出版社 2013 年版，第 224 页。

日本货亦累见不鲜。①

皮毛是肃州的一大外销品。1880 至 1909 年间，回族商人在此发现商机，他们最初作为收购贩卖羊毛的中间商，而后承担购买、贮藏与运输之责。② 矿产也是重要的外销品。这里的矿产以盐、金、玉石、花岗岩和煤炭最为丰富③，城西南共有五处煤矿，城内拥有多家雕刻手镯、酒杯和高脚杯等日常器皿的手工场，肃州以南的北大河上段有一个名为洪水坝的地方以淘金闻名，年产黄金达 700 至 800 两。④

肃州也积极从外地购入布匹、茶叶、纸张等日用品，进口货物主要包括德国绸布、法国染料以及日本火柴和平纹布等各类杂货⑤。

因贸易历史悠久，每年销往肃州、金塔和周边地区的俄国商品总额高达 70000 至 80000 两白银。⑥ 肃州城内还设有厘金局，每日收取海关货品税利约 50 两白银。⑦

(三) 通信

肃州作为连通长城内外要道，其驿马系统可谓成熟。清代，酒泉过境道属官马西道河西段。乾隆年间，肃州置酒泉驿、临水驿、酒泉递运所和临水递运所，差专人负责递送工作（图 9-15）。以下有关驿马制度的内容撮录自马达汉的著作：

---

① [英] 奥里尔·斯坦因：《斯坦因中国探险手记》（第四卷），伏霄汉、巫新华译，春风文艺出版社 2004 年版，第 824 页。

② [美] 詹姆斯·米尔沃德：《1880—1909 年回族商人与中国边境地区的羊毛贸易》，李占魁译，《甘肃民族研究》1989 年第 4 期，第 115 页。

③ [日] 日野强：《伊犁纪行》，华立译，黑龙江教育出版社 2006 年版，第 87 页。

④ [芬] 马达汉：《马达汉西域考察日记（1906—1908）》，王家骥译，中国民族摄影艺术出版社 2004 年版，第 366—367 页。

⑤ [日] 日野强：《伊犁纪行》，华立译，黑龙江教育出版社 2006 年版，第 81—82 页。

⑥ [芬] 马达汉：《马达汉西域考察日记（1906—1908）》，王家骥译，中国民族摄影艺术出版社 2004 年版，第 366 页。

⑦ [日] 日野强：《伊犁纪行》，华立译，黑龙江教育出版社 2006 年版，第 82 页。

无论外出还是归返，都需 18 天的行程。但被派遣至大汗（皇帝）身边负责送信的驿使，据说要在这 18 天的行程中更换两次人选……驿使将自己绑扎于马背之上，这样他们的肌腱能够更好地忍耐疲劳。当抵达下一驿站时，那里总会有另一位驿使在早早等候着，听到前一位驿使的马铃声，他便迅速登上马背，做好继续疾驰的准备。这种驿马制度早在 13 世纪忽必烈汗时期就已成为了一项传统……①

图 9-15　从肃州返回营地的信使，贝格曼② 1934 年摄③

至光绪十六年（1890 年），西安—平凉—兰州—肃州电报线路建成，光绪十八年（1892 年），肃州—迪化州电报线路竣工，驿铺始渐次废弃。④

---

① C. G. Mannerheim, *Across Asia from West to East in 1906–1908*（Vol. 1）, Netherlands: Anthropological Publications, 1969, p. 430.

② 福尔克·贝格曼（Folke Bergman, 1902–1946），瑞典探险家和考古学家，赫定领导的中瑞西北科学考察团成员。——作者注

③ Sven Hedin, *The Silk Road*, London: Geroge Routledge and Sons, 1938, p. 83.

④ 酒泉市史志办公室：《酒泉市志》，兰州大学出版社 1998 年版，第 517 页。

第十章 泾州、秦州

第一节 泾州

泾州，位于甘肃东部，古时为义渠族①的聚居地②。北魏神䴥三年（430年），于临泾城（今甘肃泾川北）始置州，时领六郡十七县。③ 自明洪武三年（1370年），泾州直理县事，领灵台、镇原、崇信三县；民国二年（1913年）改泾州为泾县；民国三年（1914年）改为泾川县，属泾原道。④

泾州城（图10-1）地处全州腹心地带，与东南处的邠州城相距200支里；距庆阳府城210支里，宁州城130支里，长武县100支里，凤阳府城230支里。⑤

州城西南角地势险峻，陡峭难行，东北方地势平坦，行旅畅通。渭河第一大支流——泾河流经泾州城西北角，于西南方向3支里处与阁川河交汇，再向西2支里，汇入汭水。⑥

---

① 古族名，西戎之一。——作者注
② （清）张延福：《泾州志》，姜子英校，甘肃文化出版社2007年版，第1页。
③ 平凉市地方志编纂委员会、平凉地区志编纂委员会：《平凉地区志》（上），中华书局2011年版，第31页。
④ 平凉市地方志编纂委员会、平凉地区志编纂委员会：《平凉地区志》（上），中华书局2011年版，第13页。
⑤ 東亜同文会：『中国省別全志——甘肃卷（附新疆省）』，東亜同文会，1918，第180頁。
⑥ 東亜同文会：『中国省別全志——甘肃卷（附新疆省）』，東亜同文会，1918，第180—181頁。

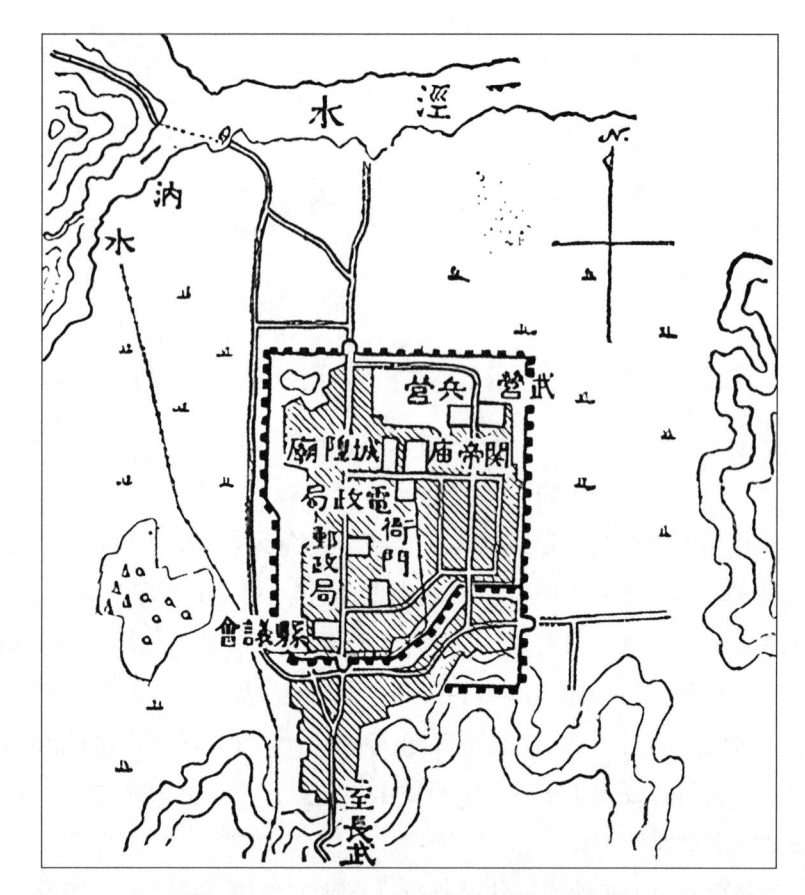

图 10-1　泾州城方位图，东亚同文会绘①

泾州城周边留存了唐长武城、南石窟寺、共池等多处人文古迹。其中，泾、汭二河相汇处的绝壁上屹立高约 11 米、宽 14 米、深 11 米的王母宫石窟（图 10-3）。这座石窟又称"大佛洞"，内立驮塔白象、千佛、力士、菩萨等塑像，规模宏大，装饰华丽，尽显北魏时期的艺术魅力。②

---

① 東亜同文会：『中国省別全志——甘粛卷（附新疆省）』，東亜同文会，1918，第 181 頁。

② 马化龙：《丝绸之路东段的几处佛教石窟——泾川王母宫与南、北石窟寺考察》，《西北师大学报》（社会科学版）1983 年第 4 期，第 99 页。

图 10-2　泾州河谷，莫理循 1910 年摄①

图 10-3　泾州城外的王母宫址，东亚同文会绘②

---

① ［澳］莫理循：《1910，莫理循中国西北行》（上册），窦坤、海伦编译，福建教育出版社 2008 年版，第 23 页。
② 東亞同文会：『中国省別全志——甘粛卷（附新疆省）』，東亞同文会，1918，第 182 页。

窟外的王母宫建筑群以"瑶池"为中心，四周环绕而建。传说，周穆王游历西域，与西王母于瑶池相会，乐极忘返。途经此地的日野强感慨昔日风物已化为世间尘俗，作诗一首：

一片瑶池明月光，秦皇汉武马蹄忙。
痴心不祈长生药，愿借霓裳焘八荒。①

泾州城内的情况，日野强与东亚同文会的记载堪称详细（表10－1）：

表10－1　　　　日野强与东亚同文会关于泾州城的描述

时间	记录者	人口	城内府衙、机构	街景	宗教
1906年11月23日	日野强	700户；兰州驻军30人②	直隶州衙门、巡警局（巡警60名）、邮政局、电报局等；一所可容纳30名学生的小学③	—	回教徒90余人；英国、瑞典女传教士各1人④
1900年至1917年	东亚同文会	600户，3000余人⑤	县署、巡警局（约有40名巡捕）、高等小学堂、电报局（由陕甘管理局管辖的三等电报局，为陕西以西首家）、邮政局（由西安副总局管辖，专门处理州内事务）、都阃府⑥	由土砖制成的3支里城墙；东、西、北三面设城门；繁华之地是横贯东西的石板大街，长330间⑦，宽3间有余⑧	修盖文庙、关帝庙、城隍庙、天主堂、福音堂和王母宫等庙宇；回教徒10余人，基督教徒4至5人⑨

---

① 日野強:『伊犂紀行』，博文館，1909，第76頁。
② ［日］日野强:《伊犁纪行》，华立译，黑龙江教育出版社2006年版，第52页。
③ ［日］日野强:《伊犁纪行》，华立译，黑龙江教育出版社2006年版，第52页。
④ ［日］日野强:《伊犁纪行》，华立译，黑龙江教育出版社2006年版，第52页。
⑤ 東亞同文会:『中国省別全志——甘肅卷（附新疆省）』，東亞同文會，1918，第181頁。
⑥ 東亞同文会:『中国省別全志——甘肅卷（附新疆省）』，東亞同文會，1918，第182頁。
⑦ 日本长度单位，一间＝6尺（约1.818米）。——作者注
⑧ 東亞同文会:『中国省別全志——甘肅卷（附新疆省）』，東亞同文會，1918，第181—182頁。
⑨ 東亞同文会:『中国省別全志——甘肅卷（附新疆省）』，東亞同文會，1918，第182頁。

第十章　泾州、秦州

泾州城的商贸活动络绎不绝，被克拉克考察队誉为"离开陕西省鄜州后途经之地中最繁荣的城市"①。城内开设合盛恒、广永兴、同兴泰、远福长、广顺生、太顺昌等钱庄和永积富、义兴永等当铺。不过，泾州民众不擅手工业，毛毡加工也仅限于粗加工阶段。②

镇原县，作为泾州境内的代表性县邑，坐落于北部。1909年2月27日，克拉克考察队的道格拉斯和格兰特率领队员沿县川河谷行进。③ 他们沿途用镜头捕捉了镇原县妇女的衣着服饰与日常生活场景（图10-4、图10-5）。

图10-4　镇原县妇女佩戴的奇特头饰，道格拉斯等1909年摄④

---

① [美]罗伯特·斯特林·克拉克、阿瑟·德·卡尔·索尔比：《穿越陕甘：1908—1909年克拉克考察队华北行纪》，C. H. 切普梅尔编，史红帅译，上海科学技术文献出版社2010年版，第61页。

② 東亜同文会：『中国省別全誌——甘粛卷（附新疆省）』，東亜同文会，1918，第183页。

③ [美]罗伯特·斯特林·克拉克、阿瑟·德·卡尔·索尔比：《穿越陕甘：1908—1909年克拉克考察队华北行纪》，C. H. 切普梅尔编，史红帅译，上海科学技术文献出版社2010年版，第160页。

④ Robert S. Clark and Arthur de C. Sowerby, *Through Shan-Kan: The Account of the Clark Expedition in North China 1908-9*, London and Leipsic: T. Fisher Unwin, 1912, p. 104.

图 10-5　镇原县的农妇，道格拉斯等 1909 年摄①

白水驿（图 10-6），作为泾州地区的另一处交通要冲，距西安府 590 余里、泾州城 80 里、平凉府 70 里。南部群山绵延，只需攀登一座果

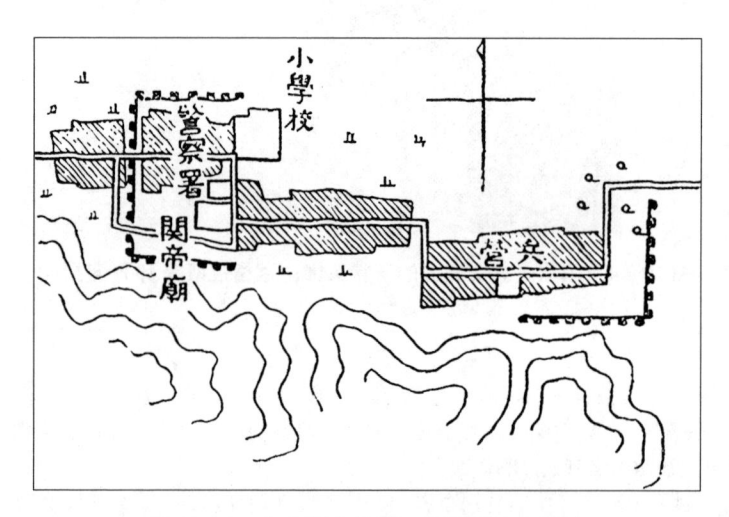

图 10-6　白水驿方位图，东亚同文会绘②

---

① Robert S. Clark and Arthur de C. Sowerby, *Through Shan-Kan: The Account of the Clark Expedition in North China 1908-9*, London and Leipsic: T. Fisher Unwin, 1912, p. 72.

② 東亜同文会:『中国省別全誌——甘粛卷（附新疆省）』,東亜同文会,1918,第 184 頁。

树丛生的小山，便可轻松抵达泾州。白水驿居住着300户家庭，共计1500人，拥有关帝庙、土地庙以及两座兵营。①

第二节 秦州

秦州地处藉河流域，处甘、陕、川三省的交通咽喉②。域内山川秀丽，兼北雄南秀风采，享"陇上江南"美誉。魏文帝黄初元年（220年）设秦州，因秦邑③得名。清雍正七年（1729年），秦州升直隶州，属甘肃，下辖秦安、清水、两当、徽县、礼县五县。民国二年（1913年），废秦州，设天水县。④

明清时，秦州城（图10-7）形成了北关、东关、西关、平城、中城五城相连的格局⑤，规模宏大。

秦州城郊区开阔，房屋分布稀疏，城北山顶曾伫立着昔日皇城，但如今仅余几座土丘。若将城郊一并计入，秦州城"长 $3\frac{1}{2}$—4俄里，最宽处估计有2俄里"。⑥

城中文物遗迹遍布，古寺名刹林立。例如，坐落于西关的伏羲庙始建于明代，庙中央供奉着三尊大小不一的伏羲像，两侧墙壁上均挂壁画，一侧画着磨盘和伏羲氏教百姓磨面的场景，另一侧描绘伏羲氏的火红马

---

① 東亜同文会：『中国省别全志——甘粛卷（附新疆省）』，東亜同文会，1918，第184页。

② 张凡：《两汉时期秦州行政建置的沿革及影响》，《兰州文理学院学报》（社会科学版）2023年第1期，第30页。

③ 古地名，秦国祖先非子分邑之地，在今甘肃省天水市清水县和张家川回族自治县一带。——作者注

④ 天水市地方志编纂委员会：《天水市志》（上卷），方志出版社2004年版，第3页。

⑤ ［芬］马达汉：《马达汉西域考察日记（1906—1908）》，王家骥译，中国民族摄影艺术出版社2004年版，第498页。

⑥ ［芬］马达汉：《马达汉西域考察日记（1906—1908）》，王家骥译，中国民族摄影艺术出版社2004年版，第497页。

图 10-7　秦州城景，鲍耶尔斯基 1875 年摄①

跃出水面的英姿。②

　　西人还曾详细探查秦州城及附近的庙宇、道观（表 10-2）：

表 10-2　　　　　　秦州城及附近庙宇、道观③

位置	名称	描述
北关	玉泉观	观里收藏一把重 700 斤的剑，为死后封为灵武官的英雄所佩。
	老君庙	有一块唐代石碑和四块宋代石碑，均刻有碑文。
城南数里处	南山庙（图 10-8）	建于唐代的宝塔被地震所毁，其遗迹位于庙旁；寺院两株歪斜的大柏树可能也栽种于同一时期。大殿内有一尊涂漆泥塑弥勒佛；两壁佛台上，供奉着四尊人物造像，他们大眼圆瞪，面目狰狞，左脚下踩着蛤蟆或人；侧殿里供奉一尊大卧佛，但其规模远小于甘州的卧佛。

---

　　① 卞修跃：《西方的中国影像（1793—1949）阿道夫·伊拉莫维奇·鲍耶尔斯基、古特曼·卡尔·克里斯卷》，黄山书社 2016 年版，第 56 页。

　　② [芬]马达汉：《马达汉西域考察日记（1906—1908）》，王家骥译，中国民族摄影艺术出版社 2004 年版，第 497 页。

　　③ [芬]马达汉：《马达汉西域考察日记（1906—1908）》，王家骥译，中国民族摄影艺术出版社 2004 年版，第 497 页。

图 10-8　南山庙中的宝塔与千年古树，马达汉 1908 年摄①

秦州城的农民主要种植小麦、大麦、青稞、荞麦、豌豆、大豆、玉米、大米、高粱、土豆、烟草、核桃以及各类水果，但独不见葡萄的踪影。城东的农作物平均产量为种子播种量的 7 至 8 倍，城南与城西为 6 至 7 倍，城北 8 至 9 倍。②

---

① ［芬］马达汉：《马达汉西域考察日记（1906—1908）》，王家骥译，中国民族摄影艺术出版社 2004 年版，第 495 页。
② ［芬］马达汉：《马达汉西域考察日记（1906—1908）》，王家骥译，中国民族摄影艺术出版社 2004 年版，第 499 页。

秦州城拥有两条通往陕西的主干道，一条经徽县抵汉中，另一条经清水至凤县，还有两条至四川的主道，一条经徽县抵嘉陵江，另一条至西和县、剑州①和碧口②，四通八达，交通极为便利，承担着甘、陕、川三省之间贸易重镇的角色。经秦州城，甘肃的羊毛、皮革、鹿角、毛皮、麝香、大黄、山草药、烟草等物产源源不断地销往陕、川，同时内运货物包括丝绸、茶叶、布匹等等。③

马达汉甚或参考了秦州城厘金④站提供的数据，推算出当地商品外销与内运的具体情况（表10-3）：

表10-3　　　　　1908年秦州城常见货品外销与内运情况⑤

	商品名	外销地/原产地	数量、价值
外销产品	羔羊皮	上海	600—700担，价值400000两白银（包括邻近地区的外销量）
	生牛皮	天津	400—500担，价值200000两白银
	药材、木器、柳条筐、草鞋	药材销往陕西、河南、四川和"口外"⑥，其余的销往兰州府和甘南	共计价值300000两白银
内运产品	粗布	陕西和湖南	约8000—9000担，计价值300000—400000两白银
	绸缎、印花布和各种小商品	陕西和北京	1000担，计价值300000—400000两白银
	丝绸和各种小商品	四川	1000—2000担，计价值200000两白银

---

① 旧时四川省北部的一个行政区划，辖域以今剑阁县为主体，盛时包括今梓潼县、江油市东部等地。——作者注

② ［英］台克满（Eric Teichman）：《领事官在中国西北的旅行》，史红帅译，上海科学技术文献出版社2013年版，第110页。

③ ［英］台克满（Eric Teichman）：《领事官在中国西北的旅行》，史红帅译，上海科学技术文献出版社2013年版，第110页。

④ 中国清代至中华民国初年征收的一种商业税，因初定税率为1厘（1%），故名厘金，又称厘捐、厘金税。——作者注

⑤ ［芬］马达汉：《马达汉西域考察日记（1906—1908）》，王家骥译，中国民族摄影艺术出版社2004年版，第498页。

⑥ 清代的山西省分为口内和口外。口内为今山西省辖区，口外指内蒙古呼和浩特、包头、乌兰察布、巴彦淖尔、鄂尔多斯五市部分区域。——作者注

参考文献

（清）张延福：《泾州志》，姜子英校，甘肃文化出版社2007年版。

（清）赵尔巽等：《清史稿·志三十九 地理十一》，中华书局1977年版。

阿莽班智达：《拉卜楞寺志》，玛钦·诺悟更志、道周译注，甘肃人民出版社1997年版。

安西县志编纂委员会：《安西县志》，知识出版社1992年版。

卞修跃：《西方的中国影像（1793—1949）阿道夫·伊拉莫维奇·鲍耶尔斯基、古特曼·卡尔·克里斯卷》，黄山书社2016年版。

卞修跃：《西方的中国影像（1793—1949）弗兰克·迈耶卷》（第二册），黄山书社2015年版。

卞修跃：《西方的中国影像（1793—1949）莫理循卷》（第二册），黄山书社2016年版。

陈乐道、王艾邦：《黄河航运的见证——民国皮筏档案解读》，《档案》2003年第6期。

東亞同文会：『中国省别全志——甘肃卷（附新疆省）』，東亞同文会，1918。

敦煌研究院：《讲解莫高窟》，浙江文艺出版社2006年版。

方广铝：《敦煌藏经洞封闭原因之我见》，《中国社会科学》1991年第5期。

方荣：《兰州黄河铁桥》，甘肃人民出版社2015年版。

尕藏加：《清代藏传佛教研究》，中国社会科学出版社2014年版。

甘肃省档案馆：《甘肃近代工业珍档录》，甘肃文化出版社2013年版。

甘肃省档案馆：《甘肃历史人口资料汇编第1辑（先秦至1911年）》，甘肃人民出版社1997年版。

甘肃省地方史志编纂委员会、甘肃省志民族志编纂委员会：《甘肃省志第七十卷民族志》，甘肃人民出版社2003年版。

甘肃省民族事务委员会：《甘肃少数民族地方》，甘肃民族出版社1993年版。

甘肃省张掖市志编修委员会：《张掖市志》，甘肃人民出版社1995年版。

甘州区志编纂委员会：《甘州区志：1991—2016》，甘肃文化出版社2019年版。

郭文奎：《庆阳史话》，甘肃文化出版社2007年版。

黄河水利科学研究院：《黄河引黄灌溉大事记》，黄河水利出版社2013年版。

黄河水利委员会黄河志总编辑室：《黄河大事记》，黄河水利出版社2001年版。

嘉峪关市史志办公室：《肃州新志校注》，吴生贵、王世雄等校注，中华书局2006年版。

贾伟、李臣玲、王淑婕：《试论安多地区多元文化共生格局的特点及其发展趋势》，《中南民族大学学报》（人文社会科学版）2011年第2期。

酒泉市史志办公室：《酒泉市志》，兰州大学出版社1998年版。

兰州市地方志编纂委员会：《兰州市志》，方志出版社2019年版。

兰州市地方志编纂委员会、兰州市交通志编纂委员会：《兰州市志交通志》（上），兰州大学出版社2001年版。

郎建兰、旺谦：《甘肃藏传佛教寺院》，甘肃民族出版社2013年版。

李慧：《甘肃建筑文化的传承与发展》，甘肃人民美术出版社2012年版。

李志中：《会宁史话》，甘肃文化出版社2008年版。

李智君：《边塞农牧文化的历史互动与地域分野——河陇历史文化地理研究》，博士学位论文，复旦大学，2005年。

李最雄、赵海英、韩文峰、王旭东、谌文武：《甘肃境内长城保护研究》，《敦煌研究》2006年第6期。

刘永增：《藏经洞的发现与敦煌文物之流失》，《敦煌研究》2000年第2期。

鲁泽：《陇西史话》，甘肃文化出版社2008年版。

陆庆夫、郭锋、王冀青：《中外著名敦煌学家评传》，甘肃教育出版社1989年版。

罗华庆：《发现藏经洞》，华东师范大学出版社2010年版。

罗振玉：《敦煌石室书目及发见之原始》，《东方杂志》1909年第6卷第10期。

马化龙：《丝绸之路东段的几处佛教石窟——泾川王母宫与南、北石窟寺考察》，《西北师大学报》（社会科学版）1983年第4期。

买雪燕：《甘肃近代高等教育发展研究》，经济科学出版社2018年版。

宁夏百科全书编纂委员会：《宁夏百科全书》，宁夏人民出版社1998年版。

牛平汉、陈普：《清代政区沿革综表》，中国地图出版社1990年版。

平凉市地方志编纂委员会、平凉地方志编纂委员会：《平凉地区志》（上），中华书局2011年版。

日野强：『伊犁紀行』，博文館，1909年。

荣新江：《王道士——敦煌藏经洞的发现者》，《敦煌研究》2000年第2期。

沙武田：《敦煌藏经洞封闭原因再探》，《中国史研究》2006年第3期。

邵永强、魏通：《黄河上的天之骄子——羊皮筏子》，《兰州学刊》1981年第3期。

沈嘉蔚：《莫理循眼里的近代中国：目击变革》，窦坤等译，福建教育出版社2005年版。

石志新：《清末甘肃地区经济凋敝和人口锐减》，《中国经济史研究》2000年第2期。

史红帅：《近代西方人视野中的西安城乡景观研究：1840—1949》，科学出版社2014年版。

司马迁：《史记全本新注》（第五册），张大可注，华中科技大学出版社2020年版。

孙占鳌：《酒泉市志》（上），方志出版社2008年版。

天水市地方志编纂委员会：《天水市志》（上卷），方志出版社2004年版。

王家骥：《马达汉》，中国民族摄影艺术出版社2002年版。

王其英：《武威金石录》，兰州大学出版社2001年版。

文物编辑委员会：《文物考古工作三十年：1949—1979》，文物出版社1979年版。

伍小东：《晚清民初近代生物学知识在西北地区的传播》，《中国科技史杂志》2022年第3期。

武沐：《甘肃通史·明清卷》，甘肃人民出版社2009年版。

闫丽娟：《中国西北少数民族通史（民国卷）》，民族出版社2009年版。

杨建新：《中国西北少数民族史》，民族出版社2003年版。

杨文炯：《人类学视阈下的河湟民族走廊——中华文化多元一体格局的缩影》，《青海民族大学学报》（社会科学版）2015年第1期。

姚桂兰：《马蹄寺石窟》，读者出版社2019年版。

岳云霄：《清至民国时期宁夏平原的水利开发与环境变迁》，博士学位论文，复旦大学，2013年。

张凡：《两汉时期秦州行政建置的沿革及影响》，《兰州文理学院学报》（社会科学版）2023年第1期。

张福宏：《岷县史话》，甘肃文化出版社2009年版。

张景平：《历史时期疏勒河水系变迁及相关问题研究》，《中国历史地理论丛》2010年第4期。

张小娟：《兰州历史文化的保护与继承——以白塔山历史风貌区为例》，《兰州大学学报》（社会科学版）2009年第S1期。

张掖市地方史志编纂委员会：《张掖市志：1996—2015》（下册），甘肃文化出版社 2020 年版。

张掖市人民政府：《张掖大佛寺》，2018—05—10，https://www.zhangye.gov.cn/yzzy/201808/t20180815_48681.html。

郑曦原：《共和十年：〈纽约时报〉民初观察记：1911—1921》，蒋书婉、刘知海、李方惠译，当代中国出版社 2018 年版。

中国第一历史档案馆：《清末修建兰州黄河铁桥史料》，《历史档案》2003 年第 3 期。

钟进文：《国外裕固族研究文集》，中央民族大学出版社 2008 年版。

［澳］莫里循：《1910，莫里循中国西北行》（上册），窦坤、海伦编译，福建教育出版社 2008 年版。

［澳］莫理循：《一个澳大利亚人在中国》，窦坤译，福建教育出版社 2007 年版。

［比］施拉姆（Louis Schram）：《甘青边界蒙古尔人的起源、历史及社会组织》，李美玲译，青海人民出版社 2007 年版。

［丹］何乐模（Frits Holm）：《我为景教碑在中国的历险》，史红帅译，上海科学技术文献出版社 2011 年版。

［德］濮登博：《教中新闻·甘肃大地震记事》，朱义生译，《圣教杂志》1927 年第 9 期。

［俄］彼·库·柯兹洛夫：《蒙古、安多和死城哈喇浩特》，王希隆、丁淑琴译，兰州大学出版社，2002 年版。

［俄］科兹洛夫：《死城之旅》，陈贵星译，新疆人民出版社 2001 年版。

［俄］尼·米·普尔热瓦尔斯基：《蒙古与唐古特地区：1870—1873 年中国高原纪行》，王嘎译，中国工人出版社 2019 年版。

［俄］普尔热瓦尔斯基：《荒原的召唤》，王嘎、张友华译，新疆人民出版社 2000 年版。

［法］伯希和：《伯希和西域探险日记（1906—1908）》，耿昇译，中国藏学出版社 2014 年版。

［法］伯希和等：《伯希和西域探险记》，耿昇译，人民出版社 2011 年版。

［法］古伯察：《鞑靼西藏旅行记》（第二版），耿昇译，中国藏学出版社 2012 年版。

［法］蜜德蕊·凯伯、法兰西丝卡·法兰屈：《戈壁沙漠》，黄梅峰、麦慧芬译，中国青年出版社 2002 年版。

［芬］马达汉（C. G. Mannerheim）：《1906—1908 年马达汉西域考察图片集》，王家骥译，山东画报出版社 2000 年版。

［芬］马达汉：《百年前走进中国西部的芬兰探险家自述：马达汉新疆考察纪行》，马大正、王家骥、许建英译，新疆人民出版社 2009 年版。

［芬］马达汉：《马达汉西域考察日记（1906—1908）》，王家骥译，中国民族摄影艺术出版社 2004 年版。

［美］费正清：《剑桥中国晚清史（1800—1911 年）》（上卷），中国社会科学院历史研究所编译室译，中国社会科学出版社 1985 年版。

［美］兰登·华尔纳：《在中国漫长的古道上》，姜洪源、魏宏举译，新疆人民出版社 2013 年版。

［美］罗伯特·斯特林·克拉克、阿瑟·德·卡尔·索尔比：《穿越陕甘：1908—1909 年克拉克考察队华北行纪》，C. H. 切普梅尔编，史红帅译，上海科学技术文献出版社 2010 年版。

［美］E. A. 罗斯：《变化中的中国人》，何蕊译，译林出版社 2015 年版。

［美］威廉·埃德加·盖洛：《中国长城》，沈弘、恽文捷译，山东画报出版社 2006 年版。

［美］威廉·埃德加·盖洛：《中国十八省府》，沈弘、郝田虎、姜文涛译，山东画报出版社 2008 年版。

［美］詹姆斯·米尔沃德：《1880—1909 年回族商人与中国边境地区的羊毛贸易》，李占魁译，《甘肃民族研究》1989 年第 4 期。

［日］大谷光瑞等：《丝路探险记》，章莹译，新疆人民出版社 1998 年版。

［日］橘瑞超:《橘瑞超西行记》，柳洪亮译，新疆人民出版社 2013 年版。

［日］日野强:《伊犁纪行》，华立译，黑龙江教育出版社 2006 年版。

［日］足立喜六:《长安史迹研究》，王双怀、淡懿诚、贾云译，三秦出版社 2003 年版。

［瑞典］安特生（J. G. Andersson）:《甘肃考古记》，乐森珝译，文物出版社 2011 年版。

［瑞典］斯文·赫定:《穿过亚洲》（下卷），王蓓译，新疆人民出版社 2013 年版。

［瑞典］斯文·赫定:《丝绸之路》，江红、李佩娟译，新疆人民出版社 2013 年版。

［瑞典］斯文·赫定:《亚洲腹地探险八年（1927—1935）》，徐十周、王安洪、王安江译，新疆人民出版社 1992 年版。

［苏联］费·阿·奥勃鲁切夫:《荒漠寻宝》，王沛译，新疆人民出版社 2013 年版。

［英］奥雷尔·斯坦因:《穿越塔克拉玛干》，巫新华、新华、张良仁、赵静译，广西师范大学出版社 2000 年版。

［英］奥雷尔·斯坦因:《发现藏经洞》，姜波、秦立彦译，广西师范大学出版社 2000 年版。

［英］奥雷尔·斯坦因:《西域考古图记》（第三卷），中国社会科学院考古研究所译，广西师范大学出版社 2019 年版。

［英］奥雷尔·斯坦因:《亚洲腹地考古图记》（第三卷），巫新华、秦立彦、龚国强、艾力江译，广西师范大学出版社 2004 年版。

［英］奥雷尔·斯坦因:《亚洲腹地考古图记》（第一卷），巫新华、秦立彦、龚国强、艾力江译，广西师范大学出版社 2004 年版。

［英］奥里尔·斯坦因:《斯坦因中国探险手记》（第三卷），巫新华、伏霄汉译，春风文艺出版社 2004 年版。

［英］奥里尔·斯坦因:《斯坦因中国探险手记》（第四卷），伏霄汉、巫

新华译，春风文艺出版社 2004 年版。

［英］奥里尔·斯坦因：《沿着古代中亚的道路：斯坦因哈佛大学讲座》，巫新华译，广西师范大学出版社 2008 年版。

［英］C. D. 布鲁斯：《走出西域——沿着马可·波罗的足迹旅行》，周力译，海潮出版社 2000 年版。

［英］德·莱斯顿：《从北京到锡金——穿越鄂尔多斯、戈壁滩和西藏之旅》，王启龙、冯玲译，西藏人民出版社 2003 年版。

［英］金乐婷（Mary Geraldine Guinness）：《大西北的呼唤：女传教士西北见闻录》，尚季芳、咸娟娟译，甘肃文化出版社 2015 年版。

［英］马尔克·奥莱尔·斯坦因：《千佛：敦煌石窟寺的古代佛教壁画》，郑涛译，浙江人民美术出版社 2019 年版。

［英］米德莱·凯伯等：《修女西行》，季理斐译，新疆人民出版社 2013 年版。

［英］斯坦因：《西域考古记》，向达译，商务印书馆 2017 年版。

［英］台克满（Eric Teichman）：《领事官在中国西北的旅行》，史红帅译，上海科学技术文献出版社 2013 年版。

Clarence Dalrymple Bruce, *In the Footsteps of Marco Polo: Being the Account of A Journey Overland from Simla to Pekin*, Edinburgh and London: William Blackwood and Sons, 1907.

C. G. Mannerheim, *Across Asia from West to East in 1906–1908 (Vol. 1)*, Netherlands: Anthropological Publications, 1969.

Eric Teichman, *Travels of A Consular Officer in North-West China*, Cambridge: Cambridge University Press, 1921.

Frits Holm, *My Nestorian Adventure in China: A Popular Account of the Holm-Nestorian Expedition to Sian-Fu and Its Results*, New York, Chicago, London and Edinburgh: Fleming H. Revell Company, 1923.

Jacques Bouly de Lesdain, *From Pekin to Sikkim: Through the Ordos, the Gobi Desert, and Tibet*, London: John Murray, 1908.

L. Richard S. J., *Géographie de l'empire de Chine (Cours Inférieur)*, Changhai: Impr. de la Mission Catholique à l'orphelinat de T'ou-sè-wè, 1905.

Mildred Cable and Francesca French, *The Gobi Desert*, New York: The Macmillan Company, 1944.

Paul Pelliot, *Les Grottes de Touen-Houang (Tome 1)*, Paris: Librairie Paul, Geuthner, 1914.

Robert S. Clark and Arthur de C. Sowerby, *Through Shen-Kan: The Account of the Clark Expedition in North China 1908–9*, London and Leipsic: T. Fisher Unwin, 1912.

Sven Hedin, *The Silk Road*, London: Geroge Routledge and Sons, 1938.

Sven Hedin, *Through Asia (Vol. II)*, London: Methuen & Co., 1898.

William Edgar Geil, *Eighteen Capitals of China*, Philadephia and London: J. B. Lippincott Company, 1911.

William Edgar Geil, *The Great Wall of China: With One Hundred Full-Page Illustrations and Maps*, New York: Sturgis and Walton Company, 1909.

W. N. Fergusson, *Adventure Sport and Travel on the Tibetan Steppes*, New York: Charles Scribner's Sons, 1911.